GUERRA S.A.

FRANCISCO RUBIO DAMIÁN

GUERRA S.A.

La privatización de los conflictos armados

ESPASA

Espasa es un sello de Editorial Planeta, S. A.
Avda. Diagonal, 662-664
08034 Barcelona
www.planetadelibros.com
www.espasa.es

Diseño de cubierta: Planeta Arte & Diseño
Ilustración de la cubierta: © Planeta Arte & Diseño, a partir de la imagen © Bimmer / Shutterstock
Fotografía del autor: cortesía del autor

Preimpresión: Safekat, S. L.

ISBN: 978-84-670-7256-3
Depósito legal: B. 3.080-2024

Impreso en España / *Printed in Spain*
Impresión: Huertas, S. A

PEFC Certificado
Este libro procede de bosques gestionados de forma sostenible
PEFC
PEFC/14-38-00305
www.pefc.es

Desgraciado país aquel que alquila los ejércitos en los días de peligro.

FRANCISCO VILLAMARTÍN, tratadista militar español
(Cartagena, 1833 - Madrid, 1872)

«La presencia de empresas militares y de seguridad privadas en los conflictos armados es un tema que nunca ha concitado demasiada atención, lo cual resulta, en cierto modo, sorprendente».

DOCUMENTO DE MONTREUX, 17 de septiembre de 2008.

Así comienza el prólogo del Documento de Montreux, que pone negro sobre blanco el primer consenso internacional sobre las obligaciones de los Estados y las buenas prácticas de las empresas militares privadas. Aunque se terminó de redactar en 2008, sigue sorprendiendo que a la gente no le preocupe, y mucho, que los Gobiernos contraten empresas privadas para participar en los conflictos armados.

ÍNDICE

TERCERA PARTE
EL DERECHO INTERNACIONAL

CUARTA PARTE
La controversia

INTRODUCCIÓN

Es relativamente normal que los Estados recurran a compañías privadas para que realicen algunas de las actividades propias de los servicios públicos. Lo habitual y lógico es que a las empresas adjudicatarias se les encarguen tareas de naturaleza civil. Sin embargo, cada vez es más frecuente que también se les contraten para llevar a cabo trabajos en zonas de operaciones militares fuera del territorio nacional. Al fin y al cabo, la externalización de servicios es una de las prácticas más extendidas para liberar a los Ejércitos nacionales de muchos cometidos que, sin ser estrictamente militares, resultan imprescindibles para el éxito de las operaciones. De esta forma, los Ministerios de Defensa pueden desembarazar a los soldados de parte de su carga de trabajo, aunque suelen tener mucho cuidado en no airear demasiado la implicación del sector privado en los asuntos de la guerra. Esta falta de transparencia pretende evitar que los ciudadanos tengan la preocupante sensación de que sus Gobiernos han puesto en manos privadas un servicio público tan privativo del Estado como es la defensa nacional.

Desde el final de la guerra fría en 1989, incluso antes, los Ejércitos occidentales se han visto sometidos a un paulatino, pero imparable, proceso de reducción de efectivos. Y, claro, todo tiene sus consecuencias. Con el paso de los años, el limitado número de militares para cubrir cada vez más compromisos internacionales se ha paliado acudiendo a empresas que han demostrado estar bien capacitadas para asumir tareas de adiestramiento, logísticas y de apoyo a las operaciones. Este fenómeno se conoce como «privatización de la guerra» y es una de las formas preferidas para compaginar una mayor presencia militar operativa en el exterior con un despliegue de tropas contenido. En todo caso, el término «privatización», aunque es exagerado, resulta muy útil para definir esta forma de proceder. El empleo de esta palabra busca llamar la atención sobre el hecho de que determinados aspectos no resolutivos de la guerra, solo esos, se están dejando en manos privadas. Es decir, no refleja la realidad, pero sintetiza bastante bien una tendencia caracterizada por la pérdida de protagonismo de los Ejércitos nacionales en su hábitat más representativo: los conflictos armados.

Por supuesto, hay más formas de reducir la carga de trabajo de unas fuerzas armadas excesivamente sobrecargadas y comprometidas en todo tipo de misiones lejos del territorio nacional. Una de estas formas de aliviar a los Ejércitos es el aprovechamiento generalizado de las nuevas tecnologías y, en particular, el empleo de la inteligencia artificial y la robótica. La inteligencia artificial es capaz de procesar una cantidad ingente de datos para acelerar los procesos de análisis, planeamiento y toma de decisiones y, cuando se aplica a la robótica, permite que las máquinas autónomas o teledirigidas lleven a cabo las tareas más arriesgadas, pesadas, monótonas y repetitivas de las hostilidades. Este último proceso se conoce como «automatización de la guerra».

La privatización y la automatización son compatibles y, además, se refuerzan mutuamente. Como veremos, el desarrollo tecnológico de la robótica y la inteligencia artificial impulsarán de forma espectacular la privatización de la guerra. De hecho, la mera existencia de empresas especializadas en aplicaciones tecnológicas avanzadas facilita la incorporación de todo tipo de tecnologías a las operaciones militares, sin que los Ejércitos tengan que hacer un esfuerzo descomunal en formar a su personal en complejas áreas de conocimiento científico que no son específicamente militares. Por lo tanto, la privatización de los conflictos armados es una tendencia que se verá acelerada de forma irremediable en la era de la robótica, la inteligencia artificial y el *big data*.

En general, la gestión privada de los servicios públicos tiene numerosos detractores, sobre todo en sectores de la izquierda política más tradicional. A su vez, los más acérrimos defensores de la liberalización económica están convencidos de que todos los sistemas de producción, incluidos los servicios públicos, mejoran de forma manifiesta cuando se privatizan. Hay suficientes estudios que demuestran que, cuando se llevan a sus últimas consecuencias, ambos planteamientos son erróneos por la existencia de numerosos factores que influyen en el éxito o fracaso de la privatización de un determinado servicio público.

Como suele ocurrir a menudo, el pensamiento crítico, liberado de ataduras ideológicas y emocionales, muestra una realidad compleja y alejada de los estereotipos propagandísticos a los que tan aficionados son los predicadores de uno u otro signo. Aunque no adoptemos una postura excesivamente escéptica, también es muy sano poner en duda las corrientes dominantes que gustan de posicionarse en la equidistancia tibia y poco comprometida entre dos planteamientos tan opuestos. Por lo tanto, no deberíamos aferrarnos, sin ponerlo antes en cuestión, a la manida sentencia de que en el centro está la virtud. Quizás sea así en muchas ocasiones, pero en otras tantas no lo es. En nuestro caso, trataremos de averiguar por qué se está produciendo un proceso de privatización en los conflictos armados que parece imparable, identificaremos sus ventajas e inconvenientes y plantearemos los mecanismos de control que ayuden a mitigar los riesgos potenciales de externalizar un servicio público tan delicado para la supervivencia de un país como es la defensa nacional. En todo caso, y a pesar de todos los controles que se quieran implantar, la privatización seguirá siendo una de las características más polémicas de los conflictos armados del siglo XXI.

PRIMERA PARTE

LA PRIVATIZACIÓN DE LOS SERVICIOS PÚBLICOS

1
LAS IDEOLOGÍAS Y LA PRIVATIZACIÓN DE LOS SERVICIOS PÚBLICOS

Los ciudadanos esperan que sus Gobiernos les garanticen ciertos bienes, suministros, servicios y actividades indispensables para su bienestar. Los Estados que funcionan bien satisfacen estas necesidades mediante la prestación de servicios públicos en condiciones de igualdad y a un precio asequible. Algunos de estos servicios, como la defensa nacional y la seguridad ciudadana, dan respuesta a situaciones de amenaza o riesgo. Otros proporcionan suministros y bienes tan imprescindibles como el agua, la electricidad, la sanidad o la educación.

No existe consenso sobre la conveniencia, o no, de privatizar los servicios públicos. Por un lado, tenemos la opinión de los militantes sociales más entusiastas, quienes consideran que solo un Estado fuerte y controlador es capaz de garantizar el bienestar de los ciudadanos. Este criterio se fundamenta en dos ideas clave: primera, que la justicia social exige que los servicios públicos sean lo más amplios posible y, segunda, que la economía de mercado no está capacitada para asumir con garantías la gestión de estos servicios. Si consideramos como válidas estas dos ideas, concluiremos que el sector público debería cubrir, aparte de los servicios esenciales como la sanidad, la educación, la justicia y demás, también otros con menor repercusión social, pero asimismo imprescindibles, como el transporte, la energía o las telecomunicaciones. Y no solo eso, como según este punto de vista el libre mercado es incapaz de organizar las actividades económicas en beneficio del interés general y satisfacer las necesidades colectivas, el Estado, además de garantizar los servicios públicos, también debe gestionarlos de forma directa, sin delegarlos ni subcontratarlos.

Este planteamiento justifica la existencia de monopolios estatales y encuentra su mejor acomodo en los regímenes socialistas, proteccionistas e intervencionistas. En España, el franquismo es un buen ejemplo de cómo las políticas proteccionistas permitieron al Estado ampliar la cobertura de los servicios públicos, ejercer el monopolio de amplios sectores económicos y ser el propietario de empresas de telefonía, suministro eléctrico, banca, ferrocarriles, aerolíneas, astilleros, automoción, altos hornos y un largo etcétera. De la misma época, pero aún más exagerado, fue el férreo control estatal de los servicios y sistemas de producción en los regímenes comunistas de medio mundo. Más recientemente, un pletórico Hugo Chávez se paseaba por Caracas ante las cámaras de televisión y, señalando con el dedo, arrebataba a sus dueños la propiedad privada de edificios, negocios y empresas al grito de: «Exprópiese, señor alcalde, exprópiese». Como para no hacerlo.

El chavismo, con su modo bolivariano de entender el socialismo del siglo XXI, ha llevado a cabo un proceso desenfrenado y disparatado de nacionalización del que se han librado pocas empresas y particulares. En Venezuela, la pasión por nacionalizar no se ha limitado a bancos y empresas estratégicas como son las petrolíferas, mineras, eléctricas y de telefonía; también han pasado a manos del Estado compañías cementeras, siderúrgicas, aerolíneas y otras de tan difícil justificación como explotaciones agrícolas y ganaderas, compañías cafeteras, papeleras, hoteles y hasta supermercados. En el desastroso resultado de la política estatalista venezolana ha tenido mucho que ver la radicalidad y la inseguridad jurídica con la que se ha acometido, pero también la corrupción sistémica, la gestión poco o nada profesional de las empresas expropiadas y, en menor medida, las sanciones económicas internacionales. En definitiva, el caso venezolano es tan extremo y desacertado que ni siquiera sirve como referente negativo de la estatalización.

En el otro extremo se encuentran los ultraliberales incondicionales de un «Estado ligero», casi podríamos decir que etéreo. Por lo general, este grupo es menos militante que el anterior, pero no le va a la zaga en entusiasmo y convicción. Creen que el mercado y la libre competencia son la panacea que soluciona todos los problemas que achacan a la gestión pública, empezando por la ineficiente burocracia, siguiendo por los elevados costes y terminando por una marcada tendencia a la corrupción. Para ellos, los servicios públicos deben garantizar única y exclusivamente los derechos fundamentales y las necesidades vitales de los individuos y de la nación, que también las tiene. Por lo tanto, son partidarios de que estos servicios se reduzcan al mínimo imprescindible y los gestionen empresas privadas porque, para ellos, es la mejor manera de hacerlo con eficacia y al menor coste. Este planteamiento conlleva la radical disminución del empleo público y la privatización de todo tipo de empresas estatales, reservando a la Administración pública la exclusividad de los servicios que el sector privado sea incapaz de proveer o los que no debería asumir en ningún caso.

Según este criterio, el Estado tiene que garantizar las necesidades sociales básicas, aunque sin hacerse cargo de satisfacer directamente las que puedan ser gestionadas con razonable calidad por el sector privado; este sería el caso de la educación, la sanidad o la vivienda. Con mucho más motivo, la Administración pública tampoco debería gestionar otro tipo de servicios indispensables —aunque no básicos— para el buen desarrollo social y económico de la nación, como son el transporte, las telecomunicaciones o las infraestructuras en general. Por lo tanto, el Estado solo tendría que ejercer el monopolio de los servicios indelegables que necesariamente deben ser satisfechos por funcionarios públicos: la justicia, las relaciones internacionales, la seguridad interior y la defensa nacional. A estas áreas se podrían añadir otras, aunque nunca en régimen de monopolio estatal, que requieran un fuerte impulso gubernamental para su puesta en marcha, como suele ocurrir con las actividades poco productivas y de gran repercusión social. Por ejemplo, muchas investigaciones científicas y algunas labores culturales no serían posibles sin la implicación directa del Estado. Imaginemos que se dejara al albur de la iniciativa privada tareas tan poco productivas desde el punto de vista económico como el estudio de las enfermedades raras, la investigación histórica o arqueológica, la rehabilitación de monumentos o la exploración espacial no comercial. Poco o nada se avanzaría en esos campos. De hecho, el superelitista turismo espacial, que aún está en mantillas, se ha desarrollado sobre lo aprendido después de decenas de años de investigación de las agencias estatales. Otro ejemplo son las exploraciones arqueológicas que, cuando las ejecuta el sector privado, se caracterizan más por el expolio del patrimonio que por la divulgación histórica y cultural.

Los dos planteamientos —Estado supercontrolador y Estado mínimo— son tan extremos como intransigentes. Sin embargo, la realidad es tozuda y nos muestra servicios que, por su naturaleza, no deberían gestionarse con criterios de empresa ni por trabajadores privados, como es el caso de la Administración de Justicia. Por otra parte, en algunos países, las empresas públicas continúan prestando servicios para los que el sector privado está mejor capacitado. Un ejemplo lo tenemos en las compañías telefónicas privadas, que ofrecen una amplia gama de servicios, bien gestionados y a precios razonables, consecuencia de la competencia por conseguir e incrementar su cuota de mercado, sus clientes. Donde operan estas empresas no se echa de menos los años del monopolio estatal de las telecomunicaciones. Por lo tanto, ni el Estado es imprescindible para ofrecer todos los servicios, ni las empresas son siempre la solución a los problemas derivados de la burocracia.

Privatización y liberalización

No es lo mismo privatizar que liberalizar. Se privatiza un servicio cuando su prestación pasa de una empresa pública a una privada y se liberaliza un sector de la economía cuando se establece un sistema de libre competencia entre empresas que pone fin a un monopolio preexistente. Con la privatización, el negocio deja de ser público y se convierte en privado, y con la liberalización, el negocio se abre a la participación de las empresas, sean públicas o privadas. Así, en muchos países se ha privatizado y liberalizado el sector de la telefonía, pues ha pasado de estar en manos de empresas estatales que aplicaban precios públicos a abrirse a la libre competencia (liberalización) de empresas privadas (privatización).

Sin embargo, puede ocurrir que un determinado servicio lo provea una empresa privada que retiene el monopolio o que ejerce una posición hegemónica en el mercado. En este caso, estaríamos ante un monopolio privado o, si se prefiere, un servicio privatizado, pero no liberalizado. Un ejemplo es el monopolio del transporte de electricidad en España controlado por la empresa privada Red Eléctrica, de la que el Estado solo retiene el 20 % de la propiedad. También puede ocurrir que un sector esté liberalizado, pero por las características del mercado únicamente sea accesible a un número reducido de empresas que constituyen un oligopolio (concentración de la oferta en unos pocos). Este es el caso de la telefonía en España que, a pesar de que la compañía pública se terminó de privatizar en 1999 y de que el sector está formalmente liberalizado, en la práctica es un oligopolio que se reparten prácticamente entre Telefónica, Orange, Vodafone y Digi.

Las diferencias entre privatizar y liberalizar vienen al caso por las repercusiones que tienen estos conceptos cuando se aplican a servicios públicos como la defensa nacional y, en particular, a las acciones militares de combate, que es lo que nos interesa. De hecho, más adelante veremos que, aunque un Gobierno privatice determinados servicios en las operaciones militares, será extremadamente raro que los liberalice. El motivo por el que la guerra no es susceptible de ser liberalizada es, por una parte, la imposibilidad de crear las condiciones idóneas para la libre competencia y, por otra, que las tareas que desempeñan las empresas privadas militares requieren un nivel de compromiso, confidencialidad y confianza que sobrepasa los mecanismos típicos del mercado. En términos técnicos, se dice que este tipo de sectores tienen barreras de entrada naturales. Todo esto significa, en definitiva, que la privatización de la guerra pierde, en buena medida, la principal ventaja atribuida a la liberalización: el estímulo de la competencia que fomenta la innovación, la reducción de precios y la mejora del servicio. Al final, privatizar sin liberalizar convierte un servicio público en un negocio privado y poco más.

2
CASOS HISTÓRICOS DE PROCESOS PRIVATIZADORES

Retomando el ejemplo de España, en nuestro país se privatizaron empresas públicas tan importantes como Argentaria (la «A» del BBVA), Repsol, Endesa, Telefónica o Iberia entre otras muchas. Más recientemente, la crisis económica iniciada en 2007 supuso la puntilla que acabó con la práctica totalidad de las cajas de ahorros como entidades públicas y forzó su transformación en bancos privados. En otros países, el afán privatizador no ha sido menor. En Reino Unido, bastante antes que en España, Margaret Thatcher privatizó British Telecom, British Aerospace, Britoil, British Gas, British Petroleum, Jaguar, Rolls Royce y British Airways. Posteriormente, los británicos han privatizado hasta el servicio de correos (Royal Mail), proceso que finalizó en 2015.

En muchas ocasiones, las privatizaciones son consecuencia directa de la puesta en práctica de políticas neoliberales, como ocurrió en los Estados Unidos de Ronald Reagan, en el Reino Unido de Margaret Thatcher y en la España de José María Aznar. No obstante, países como Rusia, poco aficionados a estas políticas, también se sumaron, y de qué manera, a la corriente privatizadora. La principal diferencia entre las privatizaciones impulsadas por los Gobiernos liberales y Rusia reside en que los primeros reforzaron el proceso con medidas liberalizadoras y de desregulación de los mercados, algo impensable en una Rusia aún condicionada por su pasado socialista. Además, la desestatalización en Rusia vino, en buena medida, forzada por las circunstancias históricas y por las recomendaciones (entiéndase, presiones) del Banco Mundial y el Fondo Monetario Internacional. En cualquier caso, tras la disolución de la Unión de Repúblicas Socialistas Soviéticas en diciembre de 1991, la Federación Rusa acometió la más drástica privatización de la historia. El resultado fue traumático para una ingente cantidad de trabajadores que terminaron sumidos en la pobreza y, al mismo tiempo, felicísimo para una generación de nuevos ricos: los antiguos directivos que adquirieron las empresas estatales que gestionaban.

La desestatalización generalizada de la economía rusa se ha desarrollado en tres etapas. En la primera etapa, entre 1993 y 1995, se privatizó ni más ni menos que el 80 % de las empresas públicas, es decir, unas setenta y seis mil compañías de todo tipo. Una barbaridad. El procedimiento utilizado fue convertirlas en sociedades por acciones, privatizando dos tercios del accionariado, lo que significó que más de cuarenta y un millones de rusos de toda condición se convirtieron en accionistas. Entre 1995 y 1996, durante la segunda etapa, se privatizaron miles de empresas mediante subastas públicas en las que se obstaculizó la entrada de capital extranjero. En esta ocasión, a diferencia de la primera etapa, los directivos y gerentes fueron quienes se convirtieron en los nuevos dueños de las empresas. Finalmente, a partir de 1997, las entidades públicas rusas se privatizaron de forma individualizada, permitiendo la entrada de inversores estratégicos extranjeros y recurriendo a un sistema de oferta competitiva o subasta[1].

El caso de China, como casi todo lo relativo al gigante asiático, es muy peculiar. El 9 de septiembre de 1976 falleció Mao

Zedong, el Gran Timonel, dejando como legado de su singladura un país comunista, pobre y rural. Dos años después, su sucesor Deng Xiaoping impulsó el programa «Reforma y apertura», ratificado el 18 de diciembre de 1978 por el Comité Central del Partido Comunista Chino y que supuso un cambio drástico en las políticas económicas comunistas del país. «Reforma y apertura» liberalizó la economía, permitió la propiedad privada (aunque no la de la tierra agrícola), modernizó la industria, quitó alguna barrera a la inversión extranjera, abrió el país al comercio exterior y descentralizó parte del poder en las autoridades locales. El programa y su evolución posterior provocaron un milagro económico, pero también un problema social y un desastre medioambiental. Según cifras oficiales, sacó de la pobreza a más de setecientos millones de personas, aunque acrecentó las desigualdades sociales (número uno mundial en 2003) e hizo de China el país más contaminante del mundo, deshonor que ostenta de forma ininterrumpida desde 2005.

El presidente Jiang Zemin, sucesor de Deng Xiaoping, y el primer ministro Zhu Rongji dieron un fuerte empuje a las reformas mercantiles. Pusieron en práctica la privatización masiva de empresas estatales, con excepción de las que operaban los sectores que consideraron estratégicos, como el gas, el petróleo, el acero, las telecomunicaciones, los seguros y la banca. Esta reforma privatizadora, impulsada a mediados de la década de 1990, fue interrumpida en 2005 por la Administración Hu-Wen (2003-2013), llamada así en referencia al presidente, Hu Jintao y el primer ministro Wen Jiabao. En la actualidad, aunque los analistas no se ponen de acuerdo en calibrar el grado de privatización alcanzado por la economía china, todos coinciden en que, a pesar de las reformas, las compañías estatales siguen teniendo un papel predominante. En todo caso, el impresionante desarrollo económico de China ha seguido un modelo alejado del liberalismo económico. En realidad, la apertura e impulso inicial de Deng Xiaoping, las privatizaciones posteriores y las formas capitalistas actuales se han desarrollado bajo la planificación política centralizada y la regulación estatal del régimen comunista. Todo ello muy alejado de los modos que caracterizan al libre mercado.

Podríamos seguir viendo ejemplos de procesos privatizadores, cada uno con sus peculiaridades. Unos estuvieron forzados por las circunstancias históricas, como en la Federación Rusa y los países del bloque comunista europeo; otros fueron el resultado lógico de una apertura económica inicial, como en China; finalmente, hubo procesos fruto de la implantación voluntaria de políticas neoliberales, como en Reino Unido. En unas ocasiones, la privatización se abordó en masa, casi impulsivamente, y en otras prevaleció el orden y la dosificación. Los casos y sus resultados son de lo más variopinto. ¡Hasta la Venezuela chavista y bolivariana, la del «exprópiese, señor alcalde», se plantea volver a privatizar la joya de la corona, la industria petrolífera! O al menos eso ha asegurado el presidente Nicolás Maduro.

En definitiva, ya sea por necesidad o por voluntad, se han desarrollado procesos privatizadores más o menos ambiciosos en todo tipo de escenarios políticos y económicos, desde las democracias más liberales a las dictaduras comunistas, pasando por regímenes más o menos totalitarios. Solo países tan anclados en la retórica marxista como Corea del Norte y Cuba se han mantenido ajenos a este fenómeno. La cuestión no es, pues, establecer si es bueno privatizar algunas de las actividades relacionadas con determinados servicios públicos. Esto lo ha hecho, con todas sus salvedades, hasta China. El planteamiento de fondo es determinar los límites de la privatización, es decir, marcar las líneas que no deberían cruzarse nunca en los procesos de desestatalización.

3
EL LÍMITE DE LA PRIVATIZACIÓN DE LOS SERVICIOS PÚBLICOS

Lo anteriormente señalado sirve para aclarar algunas cuestiones. Por ejemplo, la importancia que tienen las circunstancias políticas, económicas y sociales en los procesos de privatización del sector público. Sin embargo, esos mismos ejemplos no son de gran ayuda para delimitar de forma definitiva qué servicios debe garantizar el Estado. Esto es así porque, en realidad, esta es una cuestión que no tiene una única respuesta correcta.

En efecto, los casos de privatizaciones arriba mencionados nos hacen comprender que la dimensión del sector público no solo está determinada por el tipo de Estado —liberal, autocrático o proteccionista—, sino también por el momento histórico, la coyuntura económica y otros condicionantes de menor trascendencia. Además, hemos comprobado que estos procesos casi siempre se focalizan en sectores bien desarrollados y consolidados —banca, telecomunicaciones, energía, automoción— en los que el sistema de libre mercado es capaz de satisfacer la demanda de forma universal y a precios razonables.

A decir verdad, poco importa la relevancia estratégica del servicio prestado o si se considera básico para el desarrollo y bienestar social. A nadie se le escapa que la disponibilidad de energía es vital para la supervivencia de una nación y el bienestar de las personas y, aun así, el sector energético de los países desarrollados suele estar operado de forma mayoritaria por empresas privadas. En estos casos, el papel del Estado se limita a poco más que regular el sector para garantizar el suministro necesario a la población y las empresas. Cosa distinta es que los Gobiernos y el sistema de libre mercado logren que los precios se mantengan en niveles razonables. España es un claro ejemplo de que esto no siempre se consigue.

* * *

Más allá de su importancia, cada servicio público tiene sus peculiaridades, aunque todos compartan características comunes como la responsabilidad última del Estado, el acceso universal y la no discriminación. En poco se parecen las tareas de impartir justicia con las de dar clases de matemáticas o curar enfermedades. Estas actividades forman parte de servicios que consideramos esenciales —justicia, educación y sanidad—, pero que tienen peculiaridades que los hacen muy diferentes.

Por lo tanto, no deberíamos determinar los límites de la privatización de cada servicio público fijándonos exclusivamente en su importancia para la consecución de un alto nivel de bienestar social. Se hace necesario aplicar otro enfoque que ayude a identificar con mejor criterio las líneas rojas infranqueables en los procesos privatizadores. Para ello, la doble cuestión —qué servicios debe garantizar el Estado y cómo deben proporcionarse— ha de responderse teniendo en cuenta no solo la importancia de cada servicio, sino también las posibilidades que tiene el sistema de mercado para proporcionarlos de forma satisfactoria.

El Estado tiene la obligación de garantizar los servicios esenciales. No obstante, la consideración de esencial varía con el momento histórico, el grado de desarrollo humano, el nivel de vida y hasta con la cultura social. El progreso de las naciones hace que el nivel de exigencia sobre determinados servicios cambie enormemente en función de la época y del país. La demanda social y las expectativas de las personas no son las mismas hoy que hace décadas y tampoco son iguales en Francia que, por ejemplo, en Haití. Esto último es una manifestación más de las enormes desigualdades que separan al primer y al tercer mundo, algo sin duda lamentable y que, desgraciadamente, no va a cambiar en, al menos, muchos años.

En la actualidad, consideramos esencial tener asegurado en todo momento el suministro de agua, energía y transporte, entre otros. Además, los ciudadanos de los países que disfrutan de un alto nivel de vida están acostumbrados a tener siempre satisfechas determinadas «necesidades» y no conciben el bienestar social sin tener acceso universal, asequible, inmediato e ilimitado a las telecomunicaciones de última generación y a Internet. Sin embargo, hay servicios cuya forma de cobertura está muy ligada a la idiosincrasia y tradición de cada nación. Este es el caso del sistema de salud en Estados Unidos, país con un altísimo grado de desarrollo, pero que no dispone de un programa de atención médica universal comparable al de Europa. Estimando que la sanidad es un servicio esencial en cualquier país desarrollado, el caso norteamericano es muy ilustrativo de cómo la cultura social puede influir de forma determinante en la valoración de los servicios públicos.

Aparte de los servicios esenciales, el Estado debería garantizar aquellos que no puedan ser satisfechos de forma generalizada por el sistema de libre mercado. Este sería el caso, entre otros, del acceso a la telefonía móvil en lugares remotos y poco poblados donde no es rentable, desde el punto de vista empresarial, proporcionar estos servicios.

Visto lo anterior, el Estado tendría que asegurar el acceso a los servicios esenciales en todo momento y a toda la población, amén de garantizar cualquier otro servicio que no se pueda proporcionar de forma universal con los mecanismos del mercado. Estos últimos, por razones obvias, tienen que correr a cargo de la Administración, ya sea con funcionarios, empresas públicas o mediante subvenciones al sector privado. Por otra parte, existen ciertos servicios esenciales que deben ser gratuitos y en ningún caso deberían gestionarse con criterios de productividad y beneficio. Entre estos servicios destacan la administración de justicia, la seguridad pública y la defensa nacional, cuyos sistemas necesitan ser sustentados por servidores del Estado, sin que esto impida necesariamente la participación complementaria del sector privado.

En definitiva, en mi opinión, los servicios que siempre debe garantizar el Estado son los esenciales, los que no puede proporcionar de forma universal el sector privado y los de acceso gratuito. Esto no significa, por supuesto, que los Gobiernos se desentiendan de aquellos que pueden ser satisfechos por las empresas privadas sin necesidad de incentivos estatales. En estos casos, sigue siendo precisa una regulación política y supervisión de la Administración que evite disfunciones perjudiciales para los ciudadanos, sobre todo cuando no exista un sistema de competencia perfecta. Un caso típico es el de los sectores controlados por oligopolios, siempre tendentes a las acciones coordinadas entre las compañías con la finalidad de repartirse el mercado por cuotas, fijar precios o impedir la entrada de otras empresas en el negocio. Estas acciones suelen encarecer injustificadamente los servicios y dejan a parte de la población sin acceso a ellos. En el resto de los casos, cuando la libre competencia es suficiente para cubrir completamente la demanda de un servicio de forma satisfactoria, el Estado puede limitarse a supervisar el mercado para evitar la exclusión de los colectivos desfavorecidos de la población.

A todas estas consideraciones hay que añadir otra fundamental: hay servicios públicos cuya prestación implica el ejercicio de la autoridad y requiere la realización de acciones coercitivas. Dicho de otro modo, materializan lo que podríamos entender como la represión justificada del Estado. Estos servicios se enmarcan, según la visión de Max Weber, dentro del monopolio legítimo de la violencia. La correcta administración de la justicia puede cercenar derechos fundamentales como la libertad personal, la libre circulación y residencia o el secreto de las comunicaciones. Algo parecido ocurre con la seguridad ciudadana proporcionada, por no decir impuesta, por fuerzas policiales armadas. Ni que decir tiene que el Ejército, en su contribución a la defensa nacional, puede y debe emplear de forma sistemática todo tipo de armamento altamente destructivo y letal. En realidad, la prestación de estos servicios públicos lleva consigo el ejercicio de un poder de coacción extremo que lo diferencia del resto y que debe ser motivo más que suficiente para cuestionarse su privatización de forma diferenciada a la del resto de los servicios públicos.

* * *

La privatización es un asunto conflictivo y sin consenso posible. Unos defienden que el Estado debe garantizar los servicios básicos como la energía y participar en los sectores estratégicos como la banca. Otros creen que lo mejor es dejar que las leyes del mercado regulen estas actividades. En todo caso, ni siquiera hay acuerdo en determinar de forma definitiva cuáles son los sectores estratégicos y los servicios esenciales y básicos.

La crisis económica de 2008 obligó a detener los procesos privatizadores que durante décadas parecieron imparables y la pandemia del Covid-19 ha confirmado esta tendencia. De todos modos, esto no significa que no se sigan produciendo, aunque muy lentamente, nuevas privatizaciones o liberalizaciones. Baste recordar el tuit del ministro español José Luis Ábalos el 11 de mayo de 2021: «Arranca la liberalización ferroviaria. Desde hoy Renfe y Ouigo compiten en el corredor entre Madrid y Barcelona y próximamente será en otras líneas. La liberalización beneficiará a los usuarios, que tendrán más opciones para viajar y a precios más bajos». Esto lo dijo un gobernante socialista en referencia a un sector estratégico como es el trasporte por ferrocarril.

Por lo tanto, la clave está en determinar qué bienes y servicios deben permanecer ajenos a las leyes de mercado y la especulación de los precios. Dicho de otro modo, qué bienes deben ser ofrecidos por el sector público, manteniéndolos fuera de los negocios particulares. La competencia es un estímulo para la eficiencia empresarial, pero hay servicios que no pueden dejarse en manos privadas por muchas cuestiones ya mencionadas. Aunque no hay posiciones dogmáticas válidas para todos los casos, entre estos servicios destacan los que ejecutan la represión legítima del Estado mediante el uso de la violencia. La defensa nacional, cuando se ejerce de forma coercitiva y con armas letales, debería de ser uno de los servicios públicos que hay que mantener, en la medida de lo posible, ajeno al sector privado.

SEGUNDA PARTE

EL MERCADO DE LOS SERVICIOS MILITARES

1
CONCEPTOS BÁSICOS

Antes de entrar en materia, nos detendremos muy brevemente a explicar algunos conceptos utilizados en relación con la presencia de compañías militares privadas en zonas de guerra. A estos términos se les asignan significados que intentan ser precisos y que podrían malinterpretarse si se desconoce su aplicación correcta. Para evitarlo, veremos en qué consiste la privatización de la guerra, qué son los servicios militares y qué actores forman parte de dicho mercado, es decir, los Estados, las empresas militares privadas y los contratistas.

LA PRIVATIZACIÓN DE LA GUERRA

El término «privatización de la guerra» es impactante, pero exagerado. La realidad es que los Gobiernos solo privatizan, como mucho, determinados servicios militares que se prestan en el ámbito de los conflictos armados. Esto significa que algunas tareas que tradicionalmente eran asignadas a los militares han pasado a ser ejecutadas por empresas privadas.

En la mayoría de los casos, estos servicios se contratan en zonas de conflicto de baja intensidad, sin que su prestación implique la participación directa del personal civil en las hostilidades. Por lo tanto, la «privatización de la guerra», sin llegar a ser una expresión coloquial, tampoco es una descripción precisa; debe entenderse como una forma llamativa de designar un fenómeno para captar la atención sobre él.

Los servicios militares en operaciones

Los servicios militares abarcan casi todas las actividades que realizan las fuerzas armadas, tanto en paz como en guerra. En situación de paz incluyen los cometidos típicamente militares como, por ejemplo, el planeamiento estratégico, la inteligencia, el adiestramiento o la gestión logística. Sin embargo, no se consideran servicios militares las actividades civiles realizadas en tiempo de paz, aunque involucren a los Ejércitos. Por lo tanto, no es un servicio militar el control de accesos a un cuartel en un país que no está en guerra. Esta es una actividad civil que puede ser realizada por militares, policías o vigilantes de seguridad de una empresa.

Caso distinto son los servicios militares en guerra o conflicto armado. En este caso, todas las actividades ejecutadas en apoyo directo a las operaciones, con independencia de su naturaleza militar o civil, se consideran servicios militares. Así, en un escenario de guerra, estos servicios incluyen algunas actividades que no lo serían en tiempos de paz, como la seguridad, el mantenimiento de equipos, la alimentación o el apoyo sanitario, siempre que se faciliten a una fuerza militar. En ninguna circunstancia se incluyen las acciones de combate o la participación directa en las hostilidades, por ser contrarias a derecho.

Por lo tanto, los servicios militares engloban todas las actividades de naturaleza militar, tanto en paz como en guerra, además de las de carácter civil proporcionadas a una fuerza militar en un teatro de operaciones. Los servicios militares que se prestan fuera del ámbito de un conflicto armado no son relevantes a efectos del derecho internacional, ni pertinentes para establecer los límites de la privatización, ya que son ajenos a los problemas derivados de las hostilidades.

LAS EMPRESAS MILITARES PRIVADAS (EMP)

Una empresa militar privada (EMP) es una entidad comercial no pública que proporciona servicios militares remunerados. La clave está en precisar en qué consisten estos servicios, cosa que acabamos de hacer.

Hay una tendencia a incluir dentro del mismo rango a las compañías privadas militares y las de seguridad, hasta el punto de recibir el mismo nombre genérico: empresas militares y de seguridad privadas (EMSP). Esta forma inclusiva de llamarlas es la que normalmente emplea la ONU, la Cruz Roja y otros organismos, instituciones y países. La Unión Europea va más allá y usa el término «empresa de seguridad privada» (ESP) para referirse de forma genérica a los dos tipos de empresa, obviando la palabra «militar».

Esta simplificación para aludir a las compañías que operan en escenarios de guerra es un error. Los servicios de seguridad en operaciones solo incluyen la vigilancia y protección de personas, instalaciones y actividades. Sin embargo, el ámbito de actuación de las compañías privadas que intervienen en una zona de operaciones abarca, aparte de la seguridad, la amplia gama de actividades que hemos definido como servicios militares. Nos referimos al apoyo logístico, mantenimiento operativo, inteligencia, reconocimiento de zonas, asesoramiento militar, adiestramiento, desminado, etc.

En el caso que nos ocupa, el término «militar», en su acepción de «relativo a la guerra», describe a la perfección las compañías contratadas para cubrir las carencias de los ejércitos en los teatros de operaciones, por lo que llamarles empresas militares privadas es la forma más correcta y breve de hacerlo. Esta es la acepción que emplearemos en adelante, ya que las empresas que nos ocupan y preocupan son las que operan en los conflictos armados. Reservaremos el término EMSP para referirnos a las grandes empresas que ofrecen ambos servicios o cuando citemos un documento que las mencione de esa forma.

Los contratistas militares privados

El personal de las EMP forma parte de todos los niveles de empresa, desde los directivos hasta los últimos subalternos. Por supuesto, no todos portan armas de fuego y trabajan en una zona de operaciones hostil. Los que hacen esto son profesionales que, en su gran mayoría, tenían experiencia como militares, policías o agentes de seguridad antes de ser contratados por la EMP. En su trabajo sobre el terreno sustituyen a los militares proporcionando los servicios que ya hemos visto.

Así, pueden llevar a cabo tareas de protección de la fuerza, guardia de seguridad armada, servicio de bomberos, apoyo sanitario, mantenimiento de sistemas de armas y vehículos especiales, etc. También hay empresas privadas cuyo personal hace otro tipo de trabajos menos operativos, pero igualmente necesarios para el buen término de las operaciones militares, como por ejemplo el control de inventarios, la gestión de recursos humanos, lavandería, cáterin o el reparto de correo y paquetería.

Al personal operativo de las EMP que realiza su trabajo en zona de operaciones se les conoce como «contratistas militares privados», «contratistas de seguridad privada» o, simplemente, «contratistas». En ocasiones, también se les llama «agente privado». El término «contratista» excluye al personal directivo ocupado en las oficinas de la compañía fuera del teatro de operaciones y a los empleados de empresas que no tienen ninguna actividad militar o de seguridad, aunque desarrollen su trabajo en la zona de conflicto. Es decir, los trabajadores civiles contratados para los servicios de lavandería o alimentación no son contratistas militares privados, por muy importante que sea su labor.

Los Estados relacionados con las empresas militares privadas

Los Estados implicados en la compraventa de servicios militares se clasifican en cuatro categorías en función del papel que desempeñen en este particular mercado. Como veremos más adelante, estas categorías sirven de referencia para determinar las obligaciones y responsabilidades de cada Estado de acuerdo con el derecho internacional. Según el Documento de Montreux, que es la primera declaración intergubernamental sobre las obligaciones de los Estados en relación con las empresas militares privadas en tiempos de guerra, las cuatro categorías son[2]:

- Estados contratantes. Son aquellos que contratan los servicios de una empresa militar privada, incluso cuando dicha empresa subcontrate sus servicios con otra compañía o cuando opere mediante empresas filiales. Por lo tanto, la interposición de una empresa entre el Estado y la compañía que opera sobre el terreno no elimina la responsabilidad y las obligaciones del Estado contratante.
- Estados territoriales o de operación. Son los Estados en cuyo territorio operan las empresas militares privadas.
- Estados de origen. Son aquellos en los que están registradas las empresas. Puede ocurrir que una empresa esté registrada en un país, pero tenga su sede operativa o sus principales oficinas directivas en otro. En tal caso,

se considera Estado de origen aquel en donde se encuentran esas oficinas.

- TERCER ESTADO. Son los Estados distintos de los contratantes, territoriales o de origen, cuyos nacionales estén empleados como trabajadores de una empresa militar privada.

No es raro que un Estado contratante sea también la potencia que ocupa el país donde se desarrollan las operaciones. En esta situación será difícil que el Estado ocupado pueda mantener el control efectivo en su territorio. Veamos un ejemplo. Una vez finalizada la invasión de Irak de 2003, el Consejo de Seguridad de las Naciones Unidas reconoció la autoridad, la responsabilidad y las obligaciones específicas de Estados Unidos y Reino Unido como potencias ocupantes de Irak bajo un mando unificado. Dado que Estados Unidos ejerció dicho mando unificado y empleó empresas militares privadas norteamericanas y locales en Irak, la situación de estos países fue la siguiente:

- Estados Unidos era un Estado contratante, ya que empleó empresas militares privadas en Irak, como las norteamericanas Blackwater, DynCorp y otras.
- Estados Unidos era, además, una potencia ocupante de Irak reconocida por la ONU. Por lo tanto, tenía la obligación de asumir la autoridad estatal de Irak y sus responsabilidades como Estado territorial donde operaron las empresas militares privadas.
- Estados Unidos también era el Estado de origen de algunas de las empresas militares privadas que operaban en Irak, ya que estaban registradas y tenían su sede y oficinas principales en el país norteamericano.
- Irak era el Estado territorial donde operaron empresas militares privadas contratadas por Estados Unidos, Reino Unido y la Autoridad Provisional de la Coalición.

- Irak también era Estado de origen, puesto que gran parte de los contratistas al servicio de Estados Unidos eran iraquíes.
- Irak era asimismo un país ocupado, por lo que sus obligaciones como Estado territorial o de operación estaban limitadas por la falta de control efectivo sobre su propio territorio y población.
- Por último, como el personal de las empresas militares privadas contratadas inicialmente en Irak provenía de países como Estados Unidos, Filipinas, Fiyi, Israel, Nepal, Sudáfrica y Reino Unido, todas estas naciones eran terceros Estados[3].

2
Radiografía del mercado de los servicios militares

Según sea el caso, una radiografía puede ser una imagen que muestra el interior de un cuerpo por medio de rayos X o también puede ser la descripción o análisis detallado de un acontecimiento o un objeto. La radiografía que presentamos a continuación pretende poner al descubierto el interior del negocio de los servicios militares privados, mostrando lo que está oculto a simple vista, porque una de las características del mercado de los servicios militares es, precisamente, la falta de transparencia.

La opacidad de todo cuanto rodea a las EMP es uno de sus rasgos más distintivos y comprensibles. Hay determinados sectores empresariales que, por su actividad, intentan mantener un perfil bajo y pasar desapercibidos para la población en general. En su negocio, basta con que les conozcan los que realmente estén interesados en adquirir sus productos. Esto ocurre, por ejemplo, con los mataderos, indispensables para la alimentación humana de los no vegetarianos, pero cuyas empresas no sienten la más mínima motivación en darse a conocer. Primero, porque no lo necesitan para sacar adelante su negocio y, segundo, porque matar animales no tiene buena reputación. Algo parecido sucede con las corporaciones multinacionales del sector energético, siempre dispuestas a mostrar su lado más amable, es decir, la producción de energías renovables, ocultando sus actividades más productivas, casi siempre relacionadas con los combustibles fósiles o la energía nuclear.

Teniendo en cuenta a qué se dedican las EMP, a nadie debería extrañar que sus políticas de comunicación se caractericen por la discreción y se orienten de forma exclusiva al consumidor final, evitando aparecer en cualquier tipo de medio público. Por su parte, los Gobiernos, las grandes corporaciones multinacionales, las organizaciones internacionales humanitarias y demás clientes que contratan los servicios de las EMP tampoco tienen ningún interés en que la gente lo sepa.

En cualquier caso, como veremos a continuación, la falta de transparencia dificulta enormemente el análisis preciso y riguroso del mercado de los servicios militares privados. Sin embargo, esto no significa que no podamos hacernos una idea aproximada de su dimensión, distribución geográfica, empresas y clientes.

LAS DIMENSIONES DEL MERCADO

No es nada sencillo dimensionar el mercado de los servicios militares privados y, de hecho, las fuentes disponibles son demasiado estimativas. Según el coronel español Mario Laborie, «ciertos factores impiden determinar con precisión las dimensiones de la industria militar privada tanto en lo que se refiere al número total existente de EMSP en el mundo, como en las cifras de capital del negocio en términos monetarios: la ausencia de transparencia del sector, la inexistencia de una categorización adecuada del mismo, el hecho de que pequeñas empresas surjan y desaparezcan en breve espacio de tiempo y la actividad de empresas "fantasmas" no registradas legalmente»[4].

A estos factores podríamos añadir otro relacionado con la inadecuada categorización mencionada por Laborie. Las estimaciones disponibles casi siempre se hacen integrando en un mismo bloque las empresas privadas militares y de seguridad. Esta forma de trabajar facilita la labor de los analistas, que así eluden la ardua tarea de discernir el tipo de servicio que prestan las empresas. Sin embargo, esta simplificación hace aún más complicado tener una idea precisa del volumen de negocio relacionado con los servicios militares o de seguridad prestados específicamente en teatros de operaciones y otras zonas en conflicto. Debemos tener presente que las actividades de seguridad, logísticas o de adiestramiento militar realizadas por empresas privadas en su territorio nacional y ajeno a cualquier conflicto no afectan a los derechos humanos o al derecho internacional humanitario y, por lo tanto, no son relevantes para el tema que nos ocupa. Dicho de otro modo, esas actividades son poco o nada conflictivas a nivel internacional. En todo caso, es una cuestión interna de cada nación decidir el grado de participación del sector privado en la prestación de los servicios públicos, incluida la defensa nacional, dentro de sus fronteras.

Estas dificultades para dimensionar el mercado se agravan por la existencia de un número nada desdeñable de compañías que ofrece una amplia gama de servicios entre los que figuran los militares y los de seguridad, pero también otros. Pongamos el caso de DynCorp International, una compañía norteamericana que en 2020 figuraba en el puesto sesenta y siete en la lista elaborada por el SIPRI de las cien mayores empresas productoras de armas y de servicios militares en el mundo[5]. DynCorp comenzó siendo una compañía de aviación que paulatinamente amplió sus servicios a operaciones de vuelo, tutoría, desarrollo internacional, capacitación y apoyo de inteligencia, operaciones de contingencia, mantenimiento de vehículos terrestres, seguridad y operaciones. Entre sus muchas actividades destacaban las pruebas y evaluación de flotas aéreas o el mantenimiento de aviones, helicópteros y drones militares, gubernamentales y de entidades privadas, así como la construcción de bases militares en zonas de operaciones, gestionando sus servicios de apoyo. En el sector del desarrollo económico y social se ha dedicado a la ayuda humanitaria, la reconstrucción de áreas de conflicto y posconflicto y las reformas de buena gobernanza, desarrollando programas contra la corrupción, de transparencia y responsabilidad pública. También ha proporcionado formación especializada a personal de inteligencia, contrainteligencia, operaciones especiales y fuerzas del orden.

Todas estas y otras muchas actividades realizadas por DynCorp dan forma a un volumen de negocio empresarial en el que es difícil discernir con precisión qué parte corresponde a servicios militares prestados en zona de operaciones y qué parte se debe calificar como servicios de seguridad o civiles. De hecho, el propio SIPRI afirma en su informe que la cifra de ventas que posicionan a DynCorp en el puesto sesenta y siete de su lista es una estimación con un alto grado de incertidumbre.

Por si esto fuera poco, en noviembre de 2020, se anunció la compra de DynCorp por Amentum Government Services Holding LLC, otra corporación de servicios gubernamentales y civiles entre los que se incluyen, entre otros, los de seguridad y militares. Amentum, que ya se posicionaba antes de la adquisición de DynCorp en el puesto cuarenta y uno de la mencionada lista del SIPRI, en febrero de 2022 se fusionó con Pacific Architects & Engineers (PAE), otra empresa del sector gubernamental y de defensa que, a su vez, figura en el puesto ochenta y siete de la lista.

Las vicisitudes de Amentum, PAE y DynCorp, por no hablar de otras muchas adquisiciones menores que hicieron estas tres empresas, sirven para comprender lo extremadamente complicado que es dimensionar el volumen de negocio que mueven las EMP que operan en zonas de conflicto. Dicho esto, el peculiar mercado de los servicios militares está presente en cualquier zona problemática del mundo, con especial protagonismo en los conflictos de baja o media intensidad con enfrentamientos no convencionales tipo guerrilla. Para hacernos una idea de cuál puede ser su dimensión real, el Parlamento Europeo consideraba que, en 2016, el valor del sector de la seguridad privada, incluyendo las empresas militares, alcanzó los doscientos mil millones de dólares repartidos entre cien mil empresas con tres millones y medio de empleados[6]. No obstante, en 2017, la patronal europea del sector contabilizaba cuarenta y cinco mil empresas y al menos dos millones de empleos en la Unión Europea. Por su parte, diferentes estimaciones dan como resultado que la facturación de las empresas privadas específicamente dedicadas al sector militar podría ascender a unos cien mil millones de dólares anuales. En todo caso, no cabe duda de que estas cifras son muy orientativas y difícilmente verificables.

La oferta de servicios militares

En el mercado de los servicios militares, la oferta está copada por las empresas militares privadas, con independencia de cómo se hagan llamar a sí mismas. Como ya hemos apuntado, las EMP ofrecen la práctica totalidad de las actividades y servicios de apoyo a las operaciones militares, con excepción, teóricamente, de las acciones específicas de combate. Estas compañías satisfacen cualquier demanda del contratante por muy sofisticada que sea y han demostrado tener una enorme capacidad de adaptación a las circunstancias de cada conflicto.

Las EMP no se limitan a proporcionar seguridad y protección, gestionar una base militar o entrenar soldados. También pueden llevar a cabo el mantenimiento de aviones de combate o medios acorazados, el reabastecimiento en vuelo, el transporte aéreo, naval y terrestre, la seguridad marítima, las comunicaciones tácticas, el aprovisionamiento de suministros, la obtención de información y elaboración de inteligencia, así como cualquier otra necesidad operativa. Son empresas que dan soluciones, ya sea especializándose en determinadas actividades o abarcando una amplia gama de servicios, hasta el punto de que algunas se parecen más a ejércitos privados que a corporaciones empresariales.

Para tener una idea de la magnitud que pueden alcanzar estas empresas, basta con fijarse en las que se han especializado en el sector aéreo. AirTanker, por ejemplo, es una EMP que proporciona a la Royal Air Force británica (RAF) todo el servicio de reabastecimiento en vuelo y parte del transporte aéreo, hasta el extremo de que la RAF no necesita comprar y mantener aviones cisterna. AirTanker, que está participada por EADS, Rolls-Royce, Cobham, Babcock y Thales, comenzó a realizar los reabastecimientos aéreos operativos de la RAF en 2014, para lo que adquirió el primer A330-200 MRTT (Multi Role Tanker Transport) de Airbus Defence and Space. Este avión tiene un precio unitario de unos trescientos millones de dólares, lo que da idea de la capacidad económica de la compañía y el volumen del contrato suscrito por el Ejecutivo británico.

Por su parte, la empresa Air USA, que entrena pilotos militares de Estados Unidos y países aliados, ha cerrado un acuerdo de compra de cuarenta y seis cazas F/A-18 Hornet de la Fuerza Aérea australiana que se suman a su flota de MIG-29, Alpha Jet, L-39 Albatros, L-59 Super Albatros, BAE Hawk, Pilatus PC-9 y Cessna C-337 Skymaster; más que muchas fuerzas aéreas nacionales. Otras compañías que también ofrecen entrenamiento aéreo táctico avanzado son Tactical Air Support, Airborne Tactical Advantage Company (ATAC), Blue Air Training y Draken International, esta última con unas ciento cincuenta aeronaves, la mayor flota privada del mundo de aviones militares.

Lógicamente, la demanda de mantenimiento de aviones de combate, de servicios aéreos operativos y de entrenamiento táctico está limitada a los Gobiernos nacionales. Así, el reabastecimiento en vuelo como el que proporciona AirTanker o la simulación de una fuerza aérea enemiga, como la que realiza Air USA en ejercicios militares, son servicios que solo pueden interesar a Ejércitos nacionales. Lo mismo ocurre con el mantenimiento de aeronaves militares como el que proporciona desde 2015 Draken Europe a los Falcon 20-5 de la Real Fuerza Aérea Noruega.

Cuestión distinta es la gestión de aeropuertos y el transporte aéreo logístico o de personal en zonas en conflicto. Estos servicios tienen una demanda más amplia que incluye, además de a los Gobiernos nacionales, a las organizaciones internacionales, instituciones, corporaciones y organizaciones no gubernamentales que operan en dichas zonas. A menudo se piensa que estas actividades de gestión no están muy expuestas al riesgo y que, por lo tanto, cualquier empresa civil podría desempeñarlas sin necesidad de que su personal tenga una preparación similar a las de los contratistas privados de las EMP. Sin embargo, la experiencia nos dice que esto no siempre es así.

Un caso ejemplar tuvo lugar en la República Democrática del Congo (RDC). En 2004, la empresa estadounidense de servicios gubernamentales y de defensa Pacific Architects & Engineers (PAE) gestionaba seis aeródromos de la Misión de las Naciones Unidas en la RDC, llamada MONUC. Ese año, estudiantes congoleños desencadenaron una ola de violencia en el centro y este del país en protesta por la incapacidad de MONUC para contener las masacres y atrocidades cometidas en la provincia de Ituri durante los enfrentamientos tribales. En la ciudad de Kisangani las protestas fueron extremadamente violentas, hasta el punto de que los agitadores atacaron e incendiaron las oficinas y la residencia del personal de la ONU y más de setenta vehículos de la misión fueron apedreados e incendiados. Así las cosas, unos trescientos miembros de MONUC se replegaron al aeropuerto local, donde exigieron ser evacuados ante el temor de que los matasen. En esas peligrosas circunstancias, los contratistas de PAE prepararon y llevaron a cabo la evacuación de emergencia del personal de la misión, al tiempo que permanecieron en sus puestos para cumplir su contrato[7].

La evacuación de Kisangani es un claro ejemplo de que las tareas de apoyo a las operaciones no siempre están exentas de peligro, sobre todo cuando se desarrollan en zonas inestables o conflictivas. Kisangani también revela que las EMP pueden desarrollar una labor inestimable en determinadas operaciones de mantenimiento de la paz y sugiere que, a veces, los contratistas privados tienen mejor disposición que cierto personal de la ONU a hacer frente a los riesgos inherentes de la misión.

Otro ámbito de especialización de las EMP es el de la actividad marítima, cuya mayor demanda se centra en la protección contra la piratería en mares de alto riesgo, como el océano Índico, golfo de Adén, mar Rojo y golfo de Guinea. Sus principales clientes son, en este caso, empresas y entidades civiles propietarias de buques mercantes, cruceros, pesqueros de altura, yates, plataformas petrolíferas, puertos y terminales marítimas. Los Gobiernos nacionales no suelen demandar estos servicios ya que sus buques de guerra se bastan por sí mismos para protegerse de los piratas. En realidad, las EMP no apoyan a los Gobiernos, pero sí cubren las carencias de sus Armadas nacionales para proporcionar la necesaria seguridad en las rutas marítimas más peligrosas y en las infraestructuras navales. Entre estas EMP navales especializadas en la protección de buques civiles se encuentran Seagull, Neptune, MUSC, MAST y muchas más.

Dicho esto, y aunque no necesiten protección contra la piratería, algunas fuerzas navales demandan otro tipo de servicios militares privados. Este es el caso de la empresa marítima militar Special Tactical Services Security Company (STS) que, además de facilitar servicios de seguridad naval, ha colaborado con la Armada de Estados Unidos en el desarrollo de procedimientos de protección contra terrorismo para tripulaciones de buques de guerra, así como en la mejora de las medidas de seguridad a bordo.

Con todo, las EMP que destacan por su volumen de negocio, gama de actividades y, sobre todo, capacidad para generar polémica son la rusa Grupo Wagner y la estadounidense Blackwater/Academi, de las que hablaremos en detalle más adelante. De momento, adelantaremos que estas dos EMP se han caracterizado por tener como principal cliente, prácticamente único, al Gobierno de su nación o, como mucho, a sus aliados. Esto significa que en la práctica funcionan, en especial Wagner, como agencias seudogubernamentales de Rusia y Estados Unidos respectivamente.

Por supuesto, otras multinacionales de los servicios militares han tenido y tienen actuaciones polémicas por medio mundo, pero estas dos son las que más titulares han protagonizado con diferencia. Por otro lado, las empresas británicas, que son importantes y numerosas, suelen dedicarse más al sector de la seguridad que al militar, sin desatender este último. Son los casos de Aegis Defense Services, adquirida en 2015 por la canadiense GardaWorld, y de la multinacional G4S, con sede en Crawley, una de las empresas de seguridad privada más grandes del mundo con más de seiscientos cincuenta mil empleados y oficinas en ciento veinticinco países. Por otra parte, aunque hay EMP como Malhama Tactical que solo ofrecen sus servicios a grupos yihadistas, hasta el momento no han generado gran controversia porque operan en zonas geográficas muy delimitadas, son de pequeña o mediana entidad y, ante todo, no trabajan para las grandes potencias militares.

La demanda: los clientes de las EMP

Los Gobiernos nacionales

En términos generales, los Gobiernos nacionales son los principales demandantes de servicios militares y de seguridad en zonas conflictivas. De hecho, entre los países occidentales es una práctica cada vez más habitual recurrir a las EMP para apoyar sus operaciones en el exterior. Los motivos ya se han señalado: especialización de los contratistas privados, sobre todo en áreas muy técnicas, rapidez de despliegue, posibilidad de cancelación de contratos, disminución de costes económicos, políticos y sociales, reducción de la presencia militar, etc.

Pero no todos los Gobiernos que contratan EMP pertenecen a democracias de tipo occidental o a Estados con estructuras económicas, políticas y sociales estables, aunque sean dictaduras o regímenes totalitarios. También los países inestables y los Estados fallidos demandan servicios militares privados, pero por motivos diferentes. Las democracias acuden a las EMP para reforzar o entrenar sus fuerzas armadas y policiales y, en particular, para apoyar sus operaciones en el exterior, fuera de sus fronteras. No perciben carencias irresolubles en sus fuerzas de seguridad interna. Por su parte, los Estados fallidos o inestables carecen de policías y ejércitos bien estructurados, entrenados y equipados. Sus Gobiernos no son capaces de cubrir las necesidades nacionales de seguridad y defensa con sus propios medios y no tienen más remedio que recurrir a las EMP si quieren ejercer el control del territorio, salvaguardar sus fronteras y proteger a la población.

Uno de los problemas a los que se enfrentan los Gobiernos frágiles que contratan EMP es la falta de liquidez para pagar sus servicios. En ocasiones, los pagos se realizan cediendo una concesión de explotación minera o de cualquier otro recurso natural. A este respecto, el coronel Mario Laborie recuerda que, en 1997, la EMP israelí Lev'Dan obtuvo del Ejecutivo de

Congo una importante concesión petrolífera como pago de una deuda contraída en 1994. Esta forma de resarcir una deuda suscita la posibilidad, perfectamente comprensible por otra parte, de que las EMP se preocupen más de mantener la seguridad de sus concesiones que de proporcionar los servicios contratados por los Gobiernos frágiles.

Por otro lado, hemos visto que las EMP no siempre trabajan para los Gobiernos nacionales. En estos países de gran inestabilidad operan agentes no estatales que también recurren a las EMP por similar razón a la de los Gobiernos: las fuerzas policiales y militares no garantizan una protección adecuada a la situación de inseguridad del país. Entre estos agentes destacan las organizaciones no gubernamentales, las corporaciones multinacionales y las organizaciones internacionales, entre ellas la ONU y la Unión Europea.

Las corporaciones multinacionales

Las corporaciones multinacionales que desarrollan su trabajo en territorios de riesgo suelen recurrir a las EMP para proteger la seguridad física de sus trabajadores y preservar su actividad empresarial. En particular, las multinacionales que explotan recursos naturales, sobre todo las mineras, petroleras y gasísticas, son grandes consumidores de servicios de seguridad. Cuando operan en lugares peligrosos de Asia, África y Oriente Medio, las grandes corporaciones extractivas prefieren confiar su protección a empresas privadas antes que ponerla en manos de los cuerpos de seguridad del Gobierno local de turno. Se trata de una cuestión de confianza en los contratistas privados y de desconfianza en unas fuerzas policiales y militares que, con demasiada frecuencia, están estigmatizadas por la ineptitud profesional y la corrupción.

Este tipo de cliente corporativo demanda seguridad. No está lo más mínimo interesado en los servicios militares de apoyo a operaciones porque, sencillamente, no es su ámbito de actuación. Veamos el ejemplo del gigante minero norteamericano Freeport-McMoRan. Esta corporación explota desde 1990 en Papúa, Indonesia, uno de los depósitos de cobre y oro más importantes del mundo. Para proteger los conductos que transportan el lodo de cobre y oro de los saqueos ejecutados por mineros ilegales compinchados con militares corruptos, Freeport ha asumido el millonario gasto de pagar, por una parte, a la policía y tropas indonesias y, por otra parte, a Triple Canopy, la EMP norteamericana que reemplazó a Blackwater en el apoyo a las operaciones militares de Estados Unidos en Irak. El pago a las autoridades locales no es más que una especie de soborno o mordida que Freeport asume para poder realizar su actividad minera con relativa normalidad y sin interferencias de las fuerzas del orden. Así, unos pagan por su tranquilidad y otros cobran un sobresueldo indigno.

Las multinacionales norteamericanas no son las únicas que se enfrentan a problemas de seguridad cuando trabajan en zonas conflictivas. La Corporación Nacional de Petróleo de China (CNPC), que es la mayor compañía estatal de petróleo y gas del gigante asiático, también necesita protección para operar en el extranjero. Tanto es así que CNPC ha contratado a la empresa de seguridad privada china DeWe Security para proteger sus activos amenazados por las partes enfrentadas en la guerra civil de Sudán del Sur. DeWe está especializada en proporcionar soluciones de seguridad a compañías chinas en sus actividades fuera del país. En 2021, DeWe fue adquirida por Frontier Services Group, otra empresa china de seguridad fundada y dirigida hasta 2021 por Erik Prince, el exmilitar de los Navy SEAL fundador de Blackwater*. Este es, por tanto, un ejemplo más en la maraña de adquisiciones, fusiones, cam-

* Los Navy SEAL son la principal fuerza de operaciones especiales de la Armada de los Estados Unidos.

bios de nombre o titularidad y desapariciones que caracterizan a las compañías militares y de seguridad privadas.

Con todo, las grandes corporaciones no siempre se han limitado a ser meros damnificados por la inseguridad de los países en los que operan. En no pocas ocasiones se ha acusado a las multinacionales extractivas de usar los servicios militares de las EMP para ejercer un control inapropiado sobre los recursos naturales de los Estados fallidos, débiles o asolados por un conflicto armado. En estas circunstancias, no es raro que algunas de estas multinacionales obtengan una posición de privilegio en sus negociaciones con Estados frágiles, de manera que pueden imponer condiciones abusivas de explotación de los recursos mineros del país.

Cambiando de ámbito empresarial, la inseguridad en los mares ha creado un mercado específico de protección. Las empresas navieras contratan servicios de seguridad armada para proteger de la piratería a sus barcos mercantes y pesqueros que navegan por aguas peligrosas, es decir, las del mar de China, estrecho de Malaca, golfo de Guinea y océano Índico, principalmente. Ya hemos hablado de la seguridad naval al tratar la oferta de los servicios militares, por lo que no incidiremos más en ello, sobre todo cuando es un tema que, sin aportar aspectos novedosos al objeto de este trabajo, es lo suficientemente complejo y particular como para ser tratado de forma individualizada. Solo añadiremos que, según la Convención de las Naciones Unidas sobre el Derecho del Mar, la piratería es todo acto ilegal de violencia, detención o depredación cometido con un propósito personal por la tripulación o los pasajeros de un buque privado, en alta mar o en un lugar no sometido a la jurisdicción de ningún Estado[8]. Esto significa que el derecho del mar reserva esta figura delictiva a los actos realizados desde buques privados y con propósito personal. Es decir, no se puede acusar de piratería a los Estados o a las tripulaciones de los buques de guerra, incluso si cometen ilegalidades como, por ejemplo, una detención ilegal.

Las organizaciones humanitarias

Al hablar de la oferta de los servicios militares hicimos mención a la actividad de la EMP norteamericana Pacific Architects & Engineers (PAE) en beneficio de MONUC, la misión de la ONU en la República Democrática del Congo. En efecto, otro buen cliente de las EMP es el sector humanitario en su conjunto. Las organizaciones no gubernamentales solidarias, algunas agencias y misiones de la ONU, la Comisión Europea o USAID (Agencia de los Estados Unidos para el Desarrollo Internacional) también demandan servicios de protección, sobre todo cuando realizan su labor en entornos no permisivos, inciertos y, principalmente, hostiles o de alto riesgo. En general, las organizaciones humanitarias, y en especial las ONG, suelen ser muy vulnerables a las amenazas que acechan en los territorios donde operan, por lo que se ven obligadas a desarrollar estrategias de seguridad que disminuyan los riesgos que inevitablemente afrontan. Sin embargo, la implementación de determinadas medidas de seguridad puede echar al traste la imagen pacífica y solidaria que estas organizaciones intentan proyectar de sí mismas para marcar las distancias con las fuerzas militares internacionales que normalmente actúan en el mismo país que ellas.

Así las cosas, una estrategia de seguridad típica de una ONG humanitaria intenta priorizar las medidas de aceptación sobre las de protección y disuasión, sin descuidar estas últimas. La aceptación popular de la presencia de una ONG en un territorio, de su finalidad y de sus procedimientos de trabajo es fundamental para conseguir sus objetivos y, al mismo tiempo, contribuye a la seguridad de la organización porque genera confianza entre la población. No obstante, como la aceptación nunca es plena, y menos aún en los entornos hostiles en los que trabajan, las ONG también deben adoptar medidas disuasorias y de protección de su personal, de sus instalaciones y, muy importante, en los desplazamientos. Las instalaciones, por ejemplo, deberán contar con barreras, rejas, alarmas, guardias de seguridad y control de accesos, mientras que en los desplazamientos se podrá llegar a emplear personal armado si fuera necesario. Por supuesto, hay otras formas de disuasión, como advertir con la suspensión de sus actividades solidarias, pero cuando existe una amenaza física creíble la mejor disuasión se consigue haciendo patente que se está bien defendido por profesionales armados.

Por otra parte, es frecuente que los problemas a los que se enfrentan las organizaciones humanitarias empiecen incluso antes de establecerse sobre el terreno. Nos referimos a las dificultades de acceder de forma segura a un territorio de alto riesgo como puede ser un país en guerra. En Ucrania, por ejemplo, empresas como Crisis24, perteneciente a la corporación canadiense GardaWorld, ayudan a ingresar en el país a corporaciones, agencias humanitarias y equipos de proyectos de infraestructura y reconstrucción. Para ello, Crisis24 emplea los equipos FAST (Forward Access, Security, and Transition) que la empresa tiene desplegados en Ucrania, Rumanía, Polonia, Eslovaquia, Hungría y Moldavia. Los equipos FAST son multidisciplinares y en ellos trabajan especialistas en seguridad, desactivación de explosivos y logística, además de sanitarios, intérpretes, conductores y enlaces militares.

La tendencia del mercado y su distribución geográfica

Es un hecho avalado por numerosos estudios que, desde hace décadas, el mercado de los servicios militares se ha ido incrementando en todos sus aspectos. Esto significa que se crean nuevas EMP en nuevos Estados de origen para operar en más Estados territoriales al servicio de más Estados contratantes y de otros muchos clientes institucionales, empresariales, privados y de la sociedad civil. Si no empleáramos la terminología técnica, diríamos que asistimos a una constante creación de EMP por todo el mundo, que prestan sus servicios en cualquier territorio conflictivo, inestable o frágil en beneficio de un mayor número de clientes de todo tipo. Se trata de una tendencia global y en apariencia imparable que lleva años impulsando la creación de empresas militares, no solo con sede en las grandes potencias militares, sino también en países como Irak, Israel, Sudáfrica o Perú, por poner unos ejemplos.

La ampliación del mercado es fluida y se ajusta con flexibilidad a las circunstancias cambiantes del panorama internacional. De hecho, la tendencia expansiva no se comporta de forma absoluta e invariable en todas sus manifestaciones. Desde un punto de vista geográfico, las EMP operan principalmente en escenarios de conflictos armados, en territorios peligrosos y en países frágiles o de gran inestabilidad en los que los Ejércitos nacionales no son capaces de controlar la situación o, simplemente, no aparecen. En muchas ocasiones, los efectivos militares y policiales de terceros países o de organizaciones internacionales que se despliegan en estos territorios contratan los servicios de EMP para apoyar sus operaciones. Como es lógico, el cierre de estas misiones exteriores o la disminución del número de efectivos conlleva la consiguiente reducción de la contratación de EMP. Este es el motivo por el que ha descendido notablemente el protagonismo de estas empresas en Irak y Afganistán, como consecuencia de la retirada o reducción de la presencia militar exterior en esos países. En sentido contrario, la invasión rusa de Ucrania trajo consigo la aparición de unidades del Grupo Wagner en el teatro de operaciones, hecho que es más habitual en África o Asia que en Europa.

La presencia activa de las EMP también se constata en guerras donde no hay una participación directa de países occidentales, que son los más proclives, junto con Rusia, a contratar servicios militares privados. Es el caso de la guerra civil de Yemen, en la que desde 2015 interviene militarmente una coalición de nueve países de Oriente Medio y África liderada por

Arabia Saudita. La implicación occidental en la operación Tormenta Decisiva —que es el nombre de la intervención militar extranjera— se ha limitado al apoyo logístico y de inteligencia de Estados Unidos, Reino Unido y Francia, sin que esto haya supuesto la participación directa de estos países en las hostilidades. Sin embargo, y a pesar de la ausencia de fuerzas estadounidenses en Yemen, las EMP Blackwater/Academi y DynCorp han apoyado militarmente sobre el terreno a Emiratos Árabes Unidos y Arabia Saudí.

Cambiando de escenario, allá donde el Kremlin consideraba que había intereses militares rusos, lo habitual era que apareciera en escena el Grupo Wagner y sus contratistas armados. Este es el motivo que durante años ha justificado la presencia de Wagner en distintos países de África, Oriente Medio y América Latina. Posteriormente, y hasta los acontecimientos del verano de 2023, la EMP rusa ejecutó sus actividades en Libia, Mali y, por supuesto, Ucrania. A partir de entonces, la nueva Wagner, que solo conservó el nombre y algunos contratistas de la empresa creada por Prigozhin y Utkin, ha seguido operando en los mismos territorios.

En definitiva, prácticamente no existe una guerra en la que no estén presentes las empresas militares. A pesar de todo, la geografía del mercado de la seguridad militar tiende a extenderse más allá de los territorios que sufren un conflicto armado. En efecto, las EMP en su conjunto compaginan actividades de apoyo a las operaciones militares con otras menos tradicionales, como son las guerras a los cárteles de la droga en México y Colombia, la protección de buques contra los piratas o la seguridad de explotaciones mineras y petroleras en África y Asia. En estos casos, los contratistas privados subsanan una necesidad que surge por las limitaciones operativas de las fuerzas del orden de los Estados fallidos o, lo que es peor, porque sus clientes confían más en ellos que en los militares y policías corruptos que tanto abundan en los países con gran inestabilidad política.

Hemos mencionado que las grandes corporaciones mineras son un buen ejemplo de la relación que existe entre la necesidad de protección privada y la falta de confianza o de fiabilidad en las fuerzas gubernamentales de los Estados fallidos o frágiles. Sin embargo, esta desconfianza también se da en otros ámbitos como el de la seguridad marítima. Según la Organización Marítima Internacional (OMI), a finales de los años noventa y principios de la década de 2000 la amenaza de la piratería y el robo a mano armada contra los buques se centró en el mar de China Meridional y los estrechos de Malaca y Singapur. Más recientemente, desde 2005, los actos de piratería se focalizaron frente a la costa de Somalia, en el golfo de Adén y el océano Índico en general. Por último, en la actualidad, la OMI está implantando una estrategia para incrementar la protección marítima en África occidental y central[9].

Como vemos, la piratería es casi inexistente en el Atlántico Norte y en la mayor parte del Pacífico, hasta el punto de que el número de ataques en estos mares es insignificante en comparación con el volumen de tráfico marítimo que soportan. Por el contrario, los mares más amenazados por los asaltos a buques se corresponden con Estados ribereños de gran inestabilidad, con poblaciones en situación precaria y con fuerzas armadas poco fiables e incapaces de controlar el territorio nacional, incluyendo sus costas y aguas territoriales. Por lo tanto, es normal que las EMP presten sus servicios de protección de buques en estos mares, mientras que no son necesarios en aguas de Europa o América.

3
GRUPO WAGNER

No todas las EMP cargan con la sospecha de saltarse la ley o estar detrás de violaciones de los derechos humanos y actos contrarios al derecho internacional humanitario. Al contrario, por muy mala fama que tengan estas empresas en ciertos ámbitos, lo cierto es que la mayoría de ellas muestran un comportamiento razonablemente responsable en la prestación de sus servicios. Sin embargo, si hay una compañía conocida y que haya destacado sobre las demás por su conducta al límite o fuera de la ley, esa es, sin duda, el Grupo Wagner.

Es difícil saber con certeza si la Wagner auténtica, la que sucumbió junto con su propietario, era una organización mercenaria, una agencia paraestatal rusa o, simplemente, una EMP poco o nada respetuosa con las leyes. Probablemente tenga un poco de todo ello. El coronel español Andrés Valero Thorsson, por ejemplo, la denominó organización mercenaria semiestatal y red de grupos mercenarios[10]. De lo que no cabe duda es de que el ecosistema de Wagner se correspondía con el lado más oscuro de los conflictos armados en los que ha participado Rusia y, más concretamente, la Rusia de Putin. Para hacerse una idea de lo que significaba Wagner, conviene empezar por conocer los perfiles de quienes fueron sus fundadores: el comandante operativo, Dimitry Utkin, y el propietario, Yevgeny Prigozhin.

Dimitry Valeriévich Utkin

Dimitry Valeriévich Utkin fue agente del GRU, la agencia de inteligencia militar rusa, y comandante de la 700.ª Unidad de Fuerzas Especiales de la 2.ª Brigada de Fuerzas Especiales del Ministerio de Defensa (operaciones especiales). Según la Unión Europea, Utkin era el fundador del Grupo Wagner y fue el responsable de la coordinación y planificación de las operaciones para el despliegue de contratistas militares de esta compañía en varios países[11]. En 2013 pasó a la reserva militar como teniente coronel y comenzó a trabajar para Moran Security Group, una empresa privada fundada por veteranos militares rusos que participó en el negocio de la seguridad contra la piratería durante la década de 1990 y que consiguió numerosos contratos con empresas controladas por la Federación Rusa. Ese mismo año, Vadim Gusev, uno de los directivos de la empresa, registró en Hong Kong una EMP con el nombre de Cuerpo Eslavo (Slavonic Corps). Utkin se pasó a esta nueva empresa que participó, con más pena que gloria, en la guerra civil siria en el bando del presidente Bashar al-Assad. La corta y triste experiencia en Siria terminó en 2014 con la disolución de Cuerpo Eslavo y con sus propietarios detenidos y condenados por las autoridades rusas. Al parecer, Utkin también llegó a ser arrestado.

En 2014 Rusia llevó a cabo la invasión «suave» de Crimea, incorporando esta península ucraniana a la Federación Rusa tras un referéndum no reconocido internacionalmente y declarado ilegal por la Asamblea General de las Naciones Unidas. Casi inmediatamente después, se desencadenó la guerra del Dombás, región que integra las provincias de Donetsk y Lugansk, y en la que Rusia apoyó militarmente, aunque de forma más o menos encubierta, a los rebeldes separatistas prorrusos. Así las cosas, Utkin reclutó antiguos compañeros de Cuerpo Eslavo y organizó su propia empresa militar privada, Wagner, con la que se trasladó a las autoproclamadas repúblicas populares de Donetsk y Lugansk para luchar junto a las milicias y los paramilitares secesionistas.

Sin duda, 2013 y 2014 fueron años muy movidos para Utkin, quien, en ese corto periodo de tiempo, fue oficial del Ejército, pasó a la reserva, combatió como contratista militar privado en Siria, fue detenido en Rusia y ayudó a crear Wagner, de la que fue su comandante militar en el conflicto de Ucrania. En 2015, Utkin y sus hombres se desplegaron en Siria y al año siguiente participaron en la batalla de Palmira, donde perdió la vida un número indeterminado de contratistas rusos, probablemente cientos. En noviembre de 2017, Utkin fue nombrado director ejecutivo (CEO) de Concord Management and Consulting, la compañía de gestión del *holding* de Yevgeny Prigozhin, el oligarca cercano a Putin que financiaba el Grupo Wagner.

En junio de 2017, el Departamento del Tesoro de los Estados Unidos sancionó a Dimitry Utkin como persona ligada al Grupo Wagner, si bien esta no ha sido su única sanción[12]. El 13 de diciembre de 2021, el Consejo de la Unión Europea impuso medidas restrictivas contra Utkin y otros individuos relacionados con el Grupo Wagner por haber cometido violaciones y abusos graves de los derechos humanos. Tal como especifica la resolución del Consejo, «por su posición de mando dentro del grupo Wagner, (Utkin) es responsable de los graves abusos de los derechos humanos cometidos por el grupo, que incluyen torturas y ejecuciones y homicidios extrajudiciales, sumarios o arbitrarios. Entre dichos abusos se incluye la tortura hasta la muerte de un desertor sirio por cuatro miembros del Grupo Wagner en junio de 2017 en la provincia de Homs (Siria). Según un antiguo miembro del Grupo Wagner, Dimitry Utkin ordenó personalmente que se llevara a cabo este acto de tortura y que fuera filmado»[13].

Hombre discreto y poco dado a exponerse en público, en los medios occidentales se considera que Dimitry Utkin era un neonazi en el sentido estricto del término, es decir, seguidor o simpatizante de las doctrinas y prácticas del nacionalsocialismo. Varios indicios parecen corroborar esta afirmación. Así, el nombre de su empresa, que también era su nombre de guerra e indicativo radio (la palabra que lo identificaba en las telecomunicaciones), sugiere la fascinación de Utkin por la ideología nazi. Según se dice, eligió dicho nombre en homenaje a Richard Wagner por ser el músico favorito de Adolf Hitler. Además, durante el conflicto de Ucrania de 2014, habría utilizado en combate un casco alemán del Tercer Reich. Y por si hubiera dudas de sus simpatías personales, se han hecho públicas fotos suyas mostrando en su cuello y pecho tatuajes de las Waffen-SS y de la Reichsadler (el águila imperial del Tercer Reich).

El 23 de agosto de 2023 falleció junto con el dueño de Wagner, Yevgeny Prigozhin, tras estrellarse el Embraer Legacy en el que viajaban en un vuelo de empresa con destino San Petersburgo.

DIMITRY (también escrito DIMITRIY, DMITRI, DMITRY) VALERIÉVICH UTKIN. Дмитрий Валерьевич Уткин (ortografía rusa).
Cargo: fundador y comandante del Grupo Wagner.
Rango: teniente coronel (reservista).
Indicativo radio: Vagner, Wagner.
Nacionalidad: rusa.
Fecha y lugar de nacimiento: 11 de junio de 1970 en Asbest, *óblast* de Sverdlovsk, República Socialista Federativa Soviética de Rusia (en la actualidad, Federación de Rusia).
Fecha y lugar de fallecimiento: 23 de agosto de 2023 en Kuzhénkino, *óblast* de Tver, Federación de Rusia.
Sepultura: Cementerio Federal Militar, distrito de Mytishchinsky a las afueras de Moscú.

Yevgeny Viktorovich Prigozhin

A diferencia de la de Dimitry Utkin, la vida del oligarca ruso Yevgeny Viktorovich Prigozhin está bien documentada y existen numerosas fotos suyas, sobre todo desde la época en la que aparecía sirviendo a Putin en comidas protocolarias y, más aún, desde que en 2022 se quitó la careta como dueño del entramado Wagner. Se trataba de una persona activa en las redes sociales que no eludía las entrevistas, más bien todo lo contario.

Prigozhin nació en 1961 en Leningrado, hoy San Petersburgo, y no debió de tener una infancia tranquila y apacible. Se crio con su madre, una trabajadora de un hospital local, y con su abuela enferma, en un entorno de penuria económica. A los dieciocho años fue condenado por robo a trabajar en una fábrica química. Dos años después volvió a ser condenado, esta vez a doce años de prisión por robo, hurto y fraude. En esa época formaba parte de una pandilla que se dedicaba a asaltar pisos y vender lo robado en el mercado negro. A Prigozhin y sus compañeros de fechorías los detuvieron tras atacar en la calle a una mujer a la que sustrajeron las botas y los pendientes. En 1990 fue puesto en libertad y regresó a su ciudad natal en un país convulsionado por el imparable desmoronamiento de la Unión Soviética, proceso que se alargó entre marzo de 1990 y diciembre de 1991.

En esos tiempos de apertura y nuevas oportunidades que ofrecía la Rusia postcomunista, Prigozhin puso en marcha un modesto puesto de perritos calientes y paulatinamente fue ampliando sus negocios de alimentación con restaurantes, supermercados y servicios de cáterin. Entre sus establecimientos destacaba el New Island, un antiguo barco disco ubicado en el río Neva al que Prigozhin reconvirtió en un elegante restaurante flotante para el disfrute de las élites de San Petersburgo. El New Island era frecuentado por Putin, a quien el propio Prigozhin servía en persona, tal y como se puede comprobar en numerosas fotos, incluida la de la cena con la que el mandatario ruso agasajó a George Bush y señora el 25 de mayo de 2002. Sobre el hecho de que fuera el propio Prigozhin quien sirviera los platos, debe tenerse en cuenta que Putin es persona especialmente desconfiada con la comida y bebida; no en vano, en la KGB aprendió que esta es una forma relativamente sencilla de envenenar a alguien.

Una vez ganada la confianza de Putin, Prigozhin fue recompensado con importantes contratos para su empresa de alimentación, Concord Catering, en escuelas de Moscú y San Petersburgo, en el banquete de inauguración presidencial de Dimitry Medvedev y en el Ejército ruso. Hasta inauguró en 2009 un restaurante en el edificio del Parlamento ruso siendo Putin el primer ministro del país. Según el medio de comunicación ruso *Meduza*, en 2012 firmó un contrato militar de dos años que suponía unos ingresos de noventa y dos mil millones de rublos, equivalente entonces a dos mil trescientos ochenta millones de dólares[14]. Sin embargo, el sector de la alimentación fue solo el principio de la estrecha colaboración entre estos dos personajes.

En 2013, Yevgeny Prigozhin creó la Agencia de Investigación de Internet (IRA), una empresa dedicada a la propaganda en línea y a operaciones de influencia en beneficio de los intereses comerciales y políticos rusos, entendidos estos desde el particular punto de vista de Putin. La IRA empezó sus actividades echando mano de cientos de jóvenes rusos que, mediante perfiles falsos de usuarios de Internet, actuaban en beneficio del Kremlin. Así, desde unas oficinas en San Petersburgo, la granja de *trolls* creada por Prigozhin inundaba las redes sociales y las secciones de comentarios de la prensa occidental con mensajes a favor de Putin o con noticias sesgadas y bulos sobre la situación política en Ucrania. En una entrevista a *The Guardian*, un extrabajador de la IRA afirmó que escribían publicaciones ordinarias sobre recetas o preferencias musicales y, de vez en cuando, lanzaban proclamas políticas manifestando, por ejemplo, que el Gobierno de Kiev era fascista. Esta afirmación, por cierto, ha sido una de las ideas fuerza más recurrentes de la desinformación rusa durante los últimos años.

La propagación de noticias falsas y todo tipo de bulos también se empleó para influir en las elecciones estadounidenses de 2016, lo que le valió a Prigozhin ser incluido en la lista de las personas más buscadas del FBI. Esto decía al respecto el «cartel» de búsqueda del FBI[15]:

> Yevgeniy Viktorovich Prigozhin es buscado por el FBI por su supuesta participación en una conspiración para defraudar a los Estados Unidos al menoscabar, obstruir y derrotar las funciones legales de la Comisión Electoral Federal, el Departamento de Justicia de los Estados Unidos y el Departamento de Estado de los Estados Unidos. Esto ocurrió en Washington, D.C., desde principios de 2014 hasta el 16 de febrero de 2018. Prigozhin fue el principal financiador de la Agencia de Investigación de Internet (IRA) con sede en San Petersburgo. Supuestamente, supervisó y aprobó sus operaciones de interferencia política y electoral en los Estados Unidos, que incluyeron la compra de espacio en el servidor de una computadora estadounidense, la creación de cientos de personas ficticias en línea y el uso de identidades robadas de personas de los Estados Unidos. Estas acciones, presuntamente, se tomaron para llegar a un número significativo de estadounidenses con el fin de interferir con el sistema político de los Estados Unidos, incluida la elección presidencial de 2016. El 16 de febrero de 2018 se emitió una orden de arresto federal contra Yevgeniy Viktorovich Prigozhin en el Tribunal de Distrito de los Estados Unidos para el Distrito de Columbia, luego de que fuera acusado de conspiración para defraudar a los Estados Unidos[16].

Al parecer, dos empleadas de la IRA, Aleksandra Krylova y Anna Bogacheva, viajaron como turistas a los Estados Unidos y, durante dos semanas, se movieron por al menos nueve estados recopilando información y preparando la operación. Más adelante, los *trolls* de la agencia de Prigozhin (decir «los *trolls*

WANTED BY THE FBI

YEVGENIY VIKTOROVICH PRIGOZHIN

Conspiracy to Defraud the United States

DESCRIPTION

Alias: "Yevgeny"

Date(s) of Birth Used: June 1, 1961	Place of Birth: Russia
Hair: Bald	Eyes: Brown
Sex: Male	Race: White
Nationality: Russian	NCIC: W713167242

REWARD

The FBI is offering a reward of up to $250,000 for information leading to the arrest of Yevgeniy Viktorovich Prigozhin.

REMARKS

Prigozhin speaks Russian and has ties to Russia, Indonesia, and Qatar.

CAUTION

Yevgeniy Viktorovich Prigozhin is wanted by the FBI for his alleged involvement in a conspiracy to defraud the United States by impairing, obstructing, and defeating the lawful functions of the Federal Election Commission, the United States Department of Justice, and the United States Department of State. This occurred in Washington, D.C., from early 2014 to February 16, 2018. Prigozhin was the primary funder of the St. Petersburg-based Internet Research Agency (IRA). He allegedly oversaw and approved their political and electoral interference operations in the United States which included the purchase of American computer server space, the creation of hundreds of fictitious online personas, and the use of stolen identities of persons from the United States. These actions were allegedly taken to reach significant numbers of Americans for the purposes of interfering with the United States political system, including the 2016 Presidential Election.

On February 16, 2018, a federal arrest warrant was issued for Yevgeniy Viktorovich Prigozhin in the United States District Court for the District of Columbia after he was charged with conspiracy to defraud the United States.

SHOULD BE CONSIDERED AN INTERNATIONAL FLIGHT RISK

If you have any information concerning this individual and you are outside the United States, please contact the nearest American Embassy or Consulate. If inside the United States, please contact your local FBI office or the FBI's toll free tip line at 1-800-CALL-FBI (1-800-225-5324). You may also submit a tip online at tips.fbi.gov.

Field Office: Washington D.C.

www.fbi.gov

de la IRA» sería un juego de palabras demasiado fácil), utilizando desde Rusia cuentas de redes sociales e identidades robadas, se hicieron pasar por activistas políticos estadounidenses. Este personal de la IRA (no veo otra forma de decirlo) tenía asignado dos grandes objetivos. Primero, desacreditar a Hillary Clinton e impulsar la candidatura de Bernie Sanders, su oponente demócrata en las primarias, objetivo en el que fracasaron. Y segundo, una vez que Clinton fue elegida candidata del Partido Demócrata, apoyar a Donald Trump en las elecciones estadounidenses. La capacidad de manipulación de los *trolls* fue tan eficaz como para promocionar con cuentas falsas de Facebook y Twitter dos mítines políticos en Nueva York a favor de Trump el 25 de junio y el 23 de julio de 2016, todo ello con la seguridad de actuar desde San Petersburgo. En definitiva, Prigozhin orquestó una operación de influencia en la que sus agentes, de forma encubierta, sembraron la discordia entre la población norteamericana para, a continuación, debilitar a Hillary Clinton e impulsar la candidatura de Donald Trump.

Los preparativos de la campaña de manipulación incluyeron el robo de identidades, números del seguro social, fechas y lugares de nacimiento de estadounidenses reales. Con las identidades robadas y con licencias de conducir falsas, abrieron cuentas en seis bancos y en PayPal, y se hicieron con tarjetas de crédito. De esta manera, pudieron contratar propaganda en línea eludiendo los controles de las agencias estatales para evitar la influencia extranjera en la política estadounidense. Es más, los rusos consiguieron dinero de personas reales que querían usar las páginas de sus redes sociales para promocionarse[17].

Desde 2014, cuando amplió sus actividades empresariales más allá del sector de la alimentación, y hasta la invasión rusa de Ucrania en 2022, Prigozhin siempre negó la evidencia, es decir, su relación con el Grupo Wagner y con la Agencia de Investigación de Internet. Es más, demandó al periodista británico Eliot Higgins, fundador del grupo periodístico de investigación Bellingcat, por difamación al haberle relacionado con Wagner, demanda que fue desestimada por el juez Matthew Nicklin el 18 de mayo de 2022 en plena guerra de Ucrania[18].

Pues bien, solo cuatro meses después, en septiembre del mismo año, el propio Prigozhin desvelaba uno de los secretos peor guardados del mundo: en 2014, el año en que Rusia se anexionó Crimea, había reclutado a un «grupo de patriotas» para apoyar militarmente a los separatistas prorrusos del Dombás, siendo este el origen del Grupo Wagner. Esta información la dio a conocer el 26 de septiembre de 2022 a través de una publicación en el perfil de su grupo empresarial Concord en la red social rusa VK (VKontakte)[19].

> Yo mismo limpié las armas viejas, arreglé los chalecos antibalas y encontré especialistas que podrían ayudarme con esto. A partir de ese momento, el 1 de mayo de 2014, nació un grupo de patriotas que luego pasó a llamarse BTG (Batallón) Wagner.

Es más, en el mismo comunicado también admitió la presencia, por otra parte conocida, del Grupo Wagner en otros escenarios de Latinoamérica, África y Oriente Próximo:

> Y ahora ha llegado el tiempo de la revelación, por favor no lo confundan con el día del juicio. Estos muchachos, los héroes que defendieron al pueblo sirio, a otros pueblos indigentes de países árabes, africanos y latinoamericanos, se convirtieron en uno de los pilares de nuestra patria.

En cualquier caso, la salida del armario de Prigozhin en lo que se refiere al Grupo Wagner fue rotunda y se extendió más allá de las simples declaraciones del interesado. El 16 de septiembre de 2022, días antes de que admitiera haber creado el Grupo Wagner, varios medios independientes difundieron un vídeo en el que se aprecia a Prigozhin dirigiéndose a los reclusos de un centro penitenciario prometiéndoles su libertad a cambio de combatir con Wagner en Ucrania durante seis meses. Entre otras cosas, les dice que «la guerra es dura» y que «los dos que te pueden sacar de aquí son Alá y Dios en una caja de madera. Yo os puedo sacar vivos, aunque no siempre vivos vais a volver». Dicho esto, también les aclara que «a los que vienen y el primer día dicen: "No estoy en el lugar adecuado", los marcamos como desertores y después los ejecutaremos».

Este vídeo fue geolocalizado por la BBC en una colonia penal de la república de Mari-El, en el centro de Rusia, y sus herramientas de reconocimiento facial apuntaron a que el reclutador era Prigozhin[20].

Se tiene constancia de más actos de reclutamiento llevados a cabo por Prigozhin, por ejemplo, también en septiembre en la colonia penitenciaria número ocho, en la región de Tambov, a casi quinientos kilómetros al sur de Moscú, y, en julio, en la colonia número dos, situada en la aislada región de Komi. Las ofertas de reclutamiento incluían un sueldo de cien mil rublos (mil seiscientos cincuenta euros) y un indulto presidencial después de seis meses de servicio, aspecto este muy significativo teniendo en cuenta que las leyes rusas no permiten la liberación de presos a cambio de realizar el servicio militar ni mucho menos de trabajar como mercenario o paramilitar. En todo caso, no hace falta tener una imaginación desbordada para hacerse una idea de las condiciones de vida de las cárceles rusas si con esos argumentos son capaces de convencer a miles de presos para jugarse la vida en una guerra que había dejado de ser un paseo militar para convertirse en una ratonera. Algunos lo han comparado con una ruleta rusa, casualmente.

Además de reflejar las dificultades a las que se enfrentaban las fuerzas armadas rusas en su «operación militar especial» en Ucrania, el vídeo de Prigozhin reclutando delincuentes muestra algún rasgo de su personalidad y forma de actuar. En primer lugar, parece un oportunista que sabía medir cuándo le interesaba aparecer en público. En este caso, eligió un momento en el que el Ejército ruso estaba cediendo posiciones y sufría numerosas bajas en el campo de batalla. Así las cosas, Vladimir Putin buscaba soluciones, y Prigozhin no solo se las ofreció, sino que lo hizo de tal manera que todos pudieran conocer su capacidad de influencia y cercanía con el presidente ruso. Hay que recordar que, hasta entonces, había negado rotundamente cualquier relación con Wagner y con la invasión de Ucrania.

Por otra parte, da la sensación de tener una gran seguridad en sí mismo y ser poco amigo de ceder el protagonismo a su personal de confianza, si es que lo tenía. En este sentido, su presencia en el vídeo muestra una marcada inclinación a hacer las cosas sin delegar en nadie. Ya lo hizo cuando servía la mesa de Putin y sus invitados y lo volvió a hacer reclutando personalmente a los presos de las cárceles rusas, tal y como ocurrió con el primer «grupo de patriotas» con el que se formó el Batallón Wagner en 2014.

Tampoco parece casual la imagen de hombre duro y poderoso que Prigozhin proyecta en el vídeo. Se rodea de presidiarios dispuestos a combatir arriesgando la vida en su empresa, se dirige a ellos en términos patrióticos, les ofrece un buen sueldo y, obviando las leyes nacionales, les promete la libertad si sobreviven a seis meses de guerra en Ucrania (algo que pocos conseguirían), pero al mismo tiempo les amenaza con ejecutarles en caso de deserción. Sabe que le están grabando y que, cuando la prensa internacional y las redes sociales difundan el vídeo de su arenga, habrá consumado su puesta en escena como el hombre fuerte detrás del Grupo Wagner, dejando de ser el «chef de Putin» para convertirse en un señor de la guerra, eso sí, a distancia.

Sin embargo, el 23 de junio de 2023 se resquebrajó el apoyo incondicional de Prigozhin al presidente Putin. Ese día, los Wagner estacionados en Ucrania cruzaron la frontera, tomaron la ciudad rusa de Rostov del Don e iniciaron la «marcha de la justicia» sobre Moscú. La rebelión fue abortada al día siguiente gracias a la intermediación del líder bielorruso Alexander Lukashenko, pero el mal ya estaba hecho. Por muy extraño que parezca, y a pesar de los numerosos indicios que apuntaban al lógico enfado de Putin, Prigozhin siguió actuando como si nada grave hubiera ocurrido. No se distanció del problema que él mismo había provocado, ni asumió un perfil discreto y alejado de las cuestiones rusas, todo lo contrario. Mantuvo el protagonismo de siempre y se dejó ver junto a los Wagner en

África mientras opinaba sobre el papel que debía jugar su país en dicho continente, siempre con la ayuda de sus paramilitares. Con todo, su acción más temeraria fue permanecer en Rusia, exponiéndose a ser detenido o eliminado por cualquiera de sus poderosos enemigos, dentro y fuera de la Administración rusa.

Dos meses después del motín, el 23 de agosto de 2023, Yevgeny Viktorovich Prigozhin falleció junto a su plana mayor al estrellarse el avión en el que viajaba desde Moscú con destino a San Petersburgo. Todo indica que el dueño de Wagner malinterpretó su capacidad de influencia y la cercanía con la que era tratado por el presidente ruso. También debió de sobreestimar la importancia de la contribución de Wagner al esfuerzo bélico ruso en Ucrania, a las operaciones en África y a las acciones de influencia en la política de Estados Unidos. En cualquier caso, es evidente que todo ello no fue suficientemente valorado como para convertirse en su seguro de vida. Cuando después de fallecido Prigozhin, Putin le describió como una «persona talentosa» que «cometió graves errores en la vida», seguro que no se refería a su pasado como delincuente juvenil.

YEVGENY VIKTOROVICH PRIGOZHIN
Евге́ний Ви́кторович Приго́жин (ortografía rusa).
Cargo: empresario (oligarca) ruso, fundador y dueño del Grupo Wagner.
Apodo: Chef (o cocinero) de Putin.
Nacionalidad: rusa.
Fecha y lugar de nacimiento: 1 de junio de 1961 en Leningrado (en la actualidad, San Petersburgo), *óblast* de Leningrado, República Socialista Federativa Soviética de Rusia (en la actualidad, Federación de Rusia).
Fecha y lugar de fallecimiento: 23 de agosto de 2023 en Kuzhénkino, *óblast* de Tver, Federación de Rusia
Sepultura: cementerio de Porojovskoye, en San Petersburgo.

¿Qué era el Grupo Wagner hasta la muerte de Prigozhin?

Según los servicios de inteligencia del Ministerio de Defensa británico, el 27 de diciembre de 2022 Wagner fue inscrita en el Registro Estatal Unificado de Rusia como entidad legal con el nombre EMP Centro Wagner[21]. Hasta ese momento era una entidad formalmente inexistente. La actividad declarada en el registro era la consultoría de gestión, sin hacer ningún tipo de mención a la prestación de servicios militares, ni mucho menos a la participación en acciones de combate. Por lo tanto, a pesar de que el nombre (EMP) es muy significativo, no se describe la actividad real de la empresa, muy probablemente porque las EMP seguían siendo ilegales en Rusia. El motivo para que Prigozhin decidiera legalizar la empresa después de más de ocho años operando con ella debió de ser, muy probablemente, legitimar a Wagner y regularizar o permitir su actividad empresarial para facilitar el blanqueo de sus ingresos económicos. Como veremos, Wagner es cualquier cosa menos una asesoría de gestión.

El 27 de junio de 2023, tres días después del fracasado intento de rebelión de Prigozhin y sus Wagner, el presidente Putin reconoció, por primera vez, que Wagner estaba financiada por el Ministerio de Defensa y que entre mayo de 2022 y mayo de 2023 la empresa recibió ochenta y seis mil doscientos sesenta y dos millones de rublos, unos mil millones de dólares, para salarios y bonificaciones de sus integrantes[22].

A pesar de las declaraciones de Putin, es difícil catalogar al Grupo Wagner y determinar con total certeza si se trataba de una empresa militar privada como pretendía su nombre oficial, un grupo bien organizado de mercenarios, una agencia estatal o semiestatal encubierta, o una entidad paramilitar que operaba bajo la cobertura del Ministerio de Defensa de Rusia. Es más, el 14 de marzo de 2023 el Parlamento de Lituania —el Seimas— declaró a Wagner como organización terrorista cuyo personal representaba «una amenaza para la seguridad del Estado y la sociedad»[23]. Dos meses antes, en enero, Estados Unidos señaló a Wagner como una organización criminal transnacional.

De lo que no cabe duda es de que no era la típica EMP homologable a las compañías militares que operan al servicio de casi cualquier país, organización internacional o corporación, buscando beneficios y cumpliendo, al menos en apariencia, con la ley. Ni siquiera se parecía a otras EMP que trabajan en exclusiva para un determinado país, como hace Academi con Estados Unidos y sus aliados más próximos. Es más, hubo que esperar a los últimos días de 2022 para que Wagner fuera registrada como empresa en la Federación Rusa, Estado que carece de un cuerpo normativo propio que regule las EMP y cuyo código penal castiga la participación de mercenarios en conflictos armados. Esto último no significa que en Rusia no hayan proliferado las empresas que comercian con los servicios militares, al contrario, Wagner era la más destacada de las numerosas entidades de este tipo que han surgido en el país después del desmoronamiento de la Unión Soviética (Grupo de Seguridad Moran, Cuerpo Eslavo, Vega, Redut-Antiterror, Ruscorp…).

En cualquier caso, no se puede etiquetar al Grupo Wagner como una empresa al uso, y no solo por el hecho de no haber estado registrada como tal hasta finales de 2022. Tampoco presentó cuentas de resultados, no se sabe a cambio de qué ofrecían sus servicios, ni si se equipaban y entrenaban con sus propios medios o con los que les proporcionaba el Gobierno ruso, aunque esto último parece muy evidente. La Unión Europea, por ejemplo, la definía como una «entidad privada no constituida en sociedad con sede en Rusia, creada en 2014 para suceder a Cuerpo Eslavo. Está dirigida por Dimitry Utkin y financiada por Yevgeny Prigozhin»[24]. Esta definición tendrá que ser ajustada de algún modo tras haberse constituido en sociedad.

Si damos por cierta la definición de la Unión Europea, deberíamos descartar que Wagner haya sido una empresa militar o una agencia estatal clandestina, pero hay más opiniones al respecto. El coronel Andrés Valero Thorsson afirmaba que «Grupo Wagner es un término general que se refiere a la red de grupos mercenarios controlados por el oligarca Yevgeny Prigozhin»[25]. Por su parte, Luis de la Corte Ibáñez, en un meticuloso análisis publicado por el Instituto Español de Estudios Estratégicos (IEEE), consideraba que no existían evidencias que permitieran determinar si Wagner era una empresa privada que solo trabajaba para la Federación Rusa y sus aliados —como hace Academi con Estados Unidos— o una entidad estatal encubierta con la falsa fachada de una empresa privada[26].

Con independencia de todas las consideraciones anteriores, su estrecha vinculación con el Kremlin fue más que evidente hasta la fallida marcha sobre Moscú. Aunque antes de la invasión de Ucrania se intentó ocultar su participación en los conflictos armados relacionados con Rusia, lo cierto es que existían muchos elementos que lo corroboraban. Tanto los testimonios de antiguos empleados o contratistas, como la información aportada por algunos servicios de inteligencia nacionales y organismos internacionales, además de los numerosos estudios académicos y análisis elaborados por medios de comunicación, todos ellos, siempre han apuntado en la misma dirección: Wagner participó de forma directa en todo tipo de acciones militares en beneficio de la postura política rusa del momento. Citando el artículo de András Rácz, «Band of Brothers: The Wagner Group and the Russian State», Luis de la Corte ha recopilado ejemplos incuestionables, algunos de los cuales se enumeran a continuación[27]:

- Entre 2014 y 2015, los servicios de inteligencia ucranianos interceptaron conversaciones telefónicas de Dimitry Utkin informando de sus actividades militares al coronel del GRU Oleg Ivannikov y al jefe del 58 Ejército de la Federación Rusa, Evgeny Nikiforov.

- El Ministerio de Defensa ruso condecoró a título póstumo a varios miembros del Grupo Wagner fallecidos en febrero de 2015 durante la batalla librada en la localidad ucraniana de Debaltsevo.
- En diciembre de 2016, Utkin fue fotografiado en una recepción en el Kremlin donde le condecoraron con la Orden al Coraje y fue distinguido con el título de Héroe de Rusia por los servicios prestados en Ucrania al frente del Grupo o Batallón Wagner.
- En varias ocasiones los miembros de Wagner han empleado medios rusos de transporte militar para sus desplazamientos operativos. Así, en 2019 el equipo de Wagner que dio protección a Nicolás Maduro después de que Juan Guaidó se juramentara como presidente encargado de la República, se desplazó a Venezuela en dos aviones militares rusos, un Antonov An-124 y un Ilyushin 62-M. Ese mismo año, unas imágenes revelaron que el abastecimiento de los contratistas de Wagner desplegados en Libia llegaba en aviones militares de carga rusos. Asimismo, está acreditado el despliegue de personal de Wagner en el teatro de operaciones sirio utilizando aeronaves de las Fuerzas Aéreas rusas.
- Durante años, el adiestramiento de los miembros de Wagner se ha llevado a cabo en la base militar rusa de Molkin, que al mismo tiempo era la sede de la 10.ª Brigada de las Fuerzas Especiales del GRU.
- El personal de Wagner ha utilizado pasaportes expedidos por la Unidad 770-001 de la Oficina Central de Inmigración de Moscú, encargada de expedir documentos para funcionarios y personal vinculado al Ministerio de Defensa.

Si los casos anteriores, y muchos más que no se mencionan por no alargar innecesariamente el relato, no fueran suficiente prueba del estrecho vínculo que unía al Kremlin con el Grupo Wagner, la fuerte sospecha se convirtió en evidencia en septiembre de 2022 tras la difusión del vídeo de Prigozhin captando presos en una cárcel rusa para combatir en Ucrania. Es inconcebible que se pueda reclutar de forma pública en una dependencia gubernamental de alta seguridad, como son las cárceles rusas, sin el consentimiento de las autoridades, pero aún lo es más que se ofrezca la excarcelación de presos y el indulto presidencial. Esto último solo podía ocurrir si el compromiso del régimen era absoluto, puesto que implicaba realizar acciones contrarias a las leyes nacionales rusas, como era liberar presos a cambio de llevar a cabo un servicio de naturaleza militar. A todos estos datos hay que añadir la integración de las fuerzas de Wagner en el dispositivo táctico del ejército ruso en el frente de Bajmut y su incuestionable protagonismo en los combates y la ocupación de esta localidad ucraniana durante la primavera de 2023.

En consecuencia, no se pueden admitir como ciertas las numerosas declaraciones públicas realizadas por la Federación Rusa en las que negaba su fuerte vínculo con el Grupo Wagner. Como es lógico, los desmentidos oficiales fueron sistemáticamente respaldados por los medios de comunicación afines al Kremlin, quienes se esforzaron por difundir la idea de que Wagner no era más que un grupo de mercenarios que vendían sus servicios a cualquier cliente que esté dispuesto a pagar. Por otra parte, muchos medios independientes que intentaron demostrar que esta relación sí que existía pudieron ser víctimas de los métodos expeditivos de la Administración rusa. Aunque esta circunstancia nunca se ha podido demostrar con absoluta certeza, Luis de la Corte cita, entre otros, estos dos casos en su documento de investigación antes mencionado[28]:

> En julio de 2018 tres reporteros rusos fueron asesinados a tiros en la República Centroafricana mientras preparaban un documental sobre la presencia del Grupo Wagner en ese país… una

investigación periodística reveló que las víctimas habían sido vigiladas por un oficial de policía que había mantenido comunicación frecuente con un adiestrador militar ruso que trabajaba para el Grupo Wagner.

En abril de 2018 un periodista ruso que investigaba las actividades del grupo en Siria, Maxim Borodin, murió al caer de un quinto piso desde el balcón de su apartamento en Ekaterimburgo. Oficialmente, la muerte de Borodin pudo deberse a un accidente o ser un suicidio. Sin embargo, había sido asaltado en dos ocasiones previas y el día antes de su muerte había comunicado a varios amigos su temor a volver a ser atacado, pues había visto a hombres enmascarados rondando su casa.

Al respecto de este último caso, es de destacar que, según la Comisión para la Protección de los Periodistas, la muerte de Borodin siguió el mismo patrón de las muertes de periodistas en Rusia que cubrían o investigaban cuestiones sensibles con posibles repercusiones para las autoridades del país.

Lo cierto es que estas muertes y otros ejemplos de amenazas e intentos de envenenamiento ocurrieron en 2018, año en el que Putin aprobó en septiembre un decreto que declaraba secretas las informaciones relativas a los grupos y personas que cooperan con los servicios de inteligencia exterior del país, aunque no estén en su nómina. Con esta ley, Moscú se hizo con un instrumento que le permite coaccionar a los periodistas que intenten investigar las conexiones estatales rusas con Wagner.

En todo caso y recapitulando, podemos afirmar que la Wagner de Prigozhin no fue una sociedad mercantil hasta finales de 2022, ya que no estuvo registrada como tal en ningún sitio y, en consecuencia, no pudo ser una «empresa» militar privada (EMP). Formalmente hablando, tampoco lo fue después de haber sido incluida en el registro de empresas rusas, puesto que su actividad declarada de consultoría de gestión nada tenía que ver con la prestación de servicios militares. Esto no significa, necesariamente, que no haya operado como una EMP que prestaba sus servicios al Gobierno ruso a cambio de un resarcimiento económico. De haber sido así, la supuesta finalidad lucrativa de Wagner se podría haber satisfecho mediante el pago de dinero, algo de lo que no hay constancia documental, o por medio de cualquier otra contraprestación relacionada con el grupo de empresas de Prigozhin. El hecho de haberse convertido formalmente en una entidad empresarial le habría facilitado la regulación de ingresos monetarios derivados de su actividad mercantil, al menos hasta los sucesos de junio de 2023.

Por otro lado, casi se puede dar por descartado que Wagner fuera una agencia estatal clandestina que, por las circunstancias que sean, hubiera escapado al control institucional. Es más probable que se tratara de un grupo bien organizado y estructurado de mercenarios que haya operado con apoyo institucional más o menos encubierto. De haber sido lo primero, una agencia secreta rusa, habría que felicitar al Gobierno y al propio grupo por su éxito en ocultar su pertenencia a la Administración del Estado. Sin embargo, esta capacidad para mantener el secreto parece realmente insólita, sobre todo si tenemos en cuenta las dificultades que han tenido unos y otros para encubrir la mayoría de las actuaciones más inconfesables de Wagner.

En el hipotético caso de que la Wagner original haya sido un grupo organizado de mercenarios, cosa perfectamente factible, habría tenido dos características muy peculiares. Para empezar, no vendieron sus servicios al mejor postor ni a cualquier cliente; ellos solo trabajaron para la Rusia de Putin, un país en el que este tipo de actividad está prohibida. Además, como hemos visto, recibieron todo tipo de apoyo institucional, desde transporte operativo hasta el uso de instalaciones del Ejército o el acceso a la población reclusa, sin olvidar el reconocimiento público en forma de condecoraciones y otras distinciones. El apoyo del Ejecutivo ruso a Wagner fue tan incondicional que sobrepasaba con mucho el respaldo que se podría esperar de cualquier Gobierno a una empresa de servicios militares, sea o no mercenaria.

Visto todo lo anterior, podemos etiquetar al Grupo Wagner como una entidad privada o seudoestatal que funcionó como una EMP cuyo único cliente era el Gobierno de Rusia y que estuvo financiada por Yevgeny Prigozhin a cambio de contraprestaciones económicas indirectas del Ejecutivo. Hasta el motín de 2023, y en función de lo que requería la situación, ejecutó acciones militares abiertas, encubiertas, clandestinas o de falsa bandera. Independientemente de las consideraciones anteriores, es muy probable que Wagner se creara inicialmente como una solución del Ejecutivo ruso para apoyar militarmente y en secreto a los separatistas del Dombás y que, posteriormente, fuera evolucionando para ofrecer todo tipo de apoyo militar, paramilitar y de seguridad que pudiera satisfacer las necesidades o cubrir las carencias del Kremlin.

En todo caso, esta valoración no deja de ser una conjetura basada en fuentes abiertas, es decir, en información de carácter público. Otras opciones son igualmente viables, como la asumida por el Parlamento Europeo, que calificaba a Wagner como «una red de paramilitares y empresas vinculadas por solapamientos de la propiedad y de las redes logísticas», en cuyo caso se entiende que la propiedad es Yevgeny Prigozhin y las redes logísticas son el apoyo prestado por el ejército ruso[29]. De lo que no cabe duda es de que la Wagner de Prigozhin nunca perteneció a las fuerzas armadas de la Federación Rusa y que tampoco puede considerarse una EMP en todo el sentido del término, aunque haya prestado servicios militares como si lo fuera, además de haber ejecutado acciones de combate contrarias al derecho internacional.

Por último, no se puede cuestionar que su relación con la Administración rusa fue, cuando menos, muy estrecha. El Parlamento Europeo lo resumió de forma contundente:

> El Grupo Wagner supuestamente depende de infraestructura militar rusa, comparte una base con el ejército ruso, es transportado por aviones militares rusos y utiliza servicios sanitarios mili-

tares... se financia en parte mediante contratos de restauración y construcción multimillonarios para las fuerzas armadas rusas adjudicados a empresas vinculadas a Yevgeny Prigozhin... la agencia de inteligencia militar de Rusia GRU, su Ministerio de Defensa y sus servicios consulares están plenamente involucrados en la financiación, la contratación, la formación y la protección de integrantes de Wagner[30].

Las operaciones del Grupo Wagner, que veremos a continuación, son una confirmación de todas estas afirmaciones.

Las operaciones del Grupo Wagner

En general, las operaciones del Grupo Wagner se han caracterizado por la falta de transparencia y la desinformación o, dicho de otra manera, por estar rodeadas de atronadores silencios, informaciones interesadas, datos sesgados y hasta un cierto halo de misterio. Es más, con la finalidad de eludir el control internacional y en un vano intento por ocultar su identidad, Wagner y sus filiales han puesto en práctica el uso de nombres ficticios en las zonas donde han intervenido. Pese a ello, esta estrategia de falsa bandera o de falsa marca ha sido claramente infructuosa, pues conocemos muy bien dónde y cómo ha operado y opera el Grupo Wagner.

Partamos de la resolución de noviembre de 2021 del Parlamento Europeo, a la que ya hemos hecho referencia, «sobre violaciones de derechos humanos por parte de empresas militares y de seguridad privadas, en particular el Grupo Wagner». Según esta resolución, Wagner se distingue por estar detrás de graves violaciones de los derechos humanos, violaciones que están suficientemente documentadas y de las que ha sido acusado[31]. En concreto, y como detallaremos más adelante, el personal de Wagner ha sido señalado como autor de asesinatos, ejecuciones sumarias masivas de civiles y detenidos, violencia sexual, saqueos, detenciones arbitrarias, desapariciones forzadas, expulsión de civiles y torturas.

Por otro lado, se tiene constancia de que han empleado minas antipersonas que, como es bien sabido, producen daños de forma indiscriminada y están prohibidas internacionalmente por el Tratado de Ottawa que, por cierto, Rusia no ha ratificado. También se acusa al grupo de haberse apropiado ilícitamente de recursos públicos fundamentales para los países en desarrollo, quedándose en algunos casos con el producto de la explotación minera o de la gestión de aduanas.

Como no podía ser de otra forma, las actividades del Grupo Wagner coinciden geográficamente con las regiones conflictivas en las que Rusia ha buscado proyectar su influencia más allá de sus fronteras. En este sentido, se ha constatado la presencia de Wagner en los conflictos sufridos por Ucrania (en 2014 y en la invasión de 2022), Siria, Sudán, Mozambique, Libia, la República Centroafricana y Venezuela.

Las operaciones del Grupo Wagner en Ucrania

El nacimiento de Wagner está indisolublemente unido a la agresión rusa sobre Ucrania ocurrida en 2014 como consecuencia de las manifestaciones y disturbios europeístas de Euromaidán. El ejército ruso comenzó la ocupación de la península de Crimea el 20 de febrero de dicho año y el día 27 tropas rusas sin distintivos —los llamados pequeños hombres verdes— tomaron el Consejo Supremo (Parlamento) y otros puntos estratégicos de la península. El 11 de marzo la República Autónoma de Crimea y la ciudad autónoma de Sebastopol declararon su independencia de Ucrania. El 16 del mismo mes se celebró un referéndum sobre el ingreso de ambas entidades en la Federación Rusa, obteniéndose un resultado mayoritariamente favorable. Solo un día después, el Parlamento de la República de Crimea votó a favor de la adhesión a Rusia y se declaró Estado soberano independiente. Al siguiente día, el 18 de marzo, se firmaron en el Kremlin los acuerdos de adhesión a la Federación de Rusia de la República de Crimea y la ciudad de Sebastopol, que adquirieron, respectivamente, los estatus de república y ciudad federal (el mismo que tienen Moscú y San Petersburgo).

Todo parece indicar que en esta fase del conflicto la participación militar rusa estuvo a cargo de sus fuerzas armadas y que los pequeños hombres verdes, al menos en su gran mayoría, pertenecían a sus tropas regulares. De hecho, aunque el Gobierno ruso negó inicialmente la presencia del ejército en Ucrania, el 17 de abril Vladimir Putin reconoció la implicación directa de los militares. No obstante, esto no significa que se pueda descartar categóricamente que Wagner no tuviera algún tipo de participación en las operaciones rusas ejecutadas en Crimea. Al menos, esto es lo que apunta Tracey German, profesora de conflicto y seguridad en el King's College de Londres, quien afirma que «se cree que sus mercenarios (de Wagner) son algunos de los "hombrecillos verdes" que ocuparon la región»[32]. Sin embargo, con la información disponible en la actualidad, resulta muy poco creíble la presencia de Wagner en Crimea en 2014, sobre todo después de las declaraciones de Prigozhin que transcribimos más adelante. En el caso de que haya habido contratistas o mercenarios entre los pequeños hombres verdes, es muy probable que pertenecieran a grupos ajenos a Wagner. Otra cosa muy distinta fue la intervención rusa meses después en la región ucraniana del Dombás, en la que la presencia de Wagner está bastante contrastada.

Sabemos que Wagner nació cuando llegó al Dombás en mayo de 2014 para materializar parte del apoyo militar de la Federación Rusa a los rebeldes separatistas y forzar la retirada de las fuerzas ucranianas, pero no fueron los únicos que participaron. Igor Girkin, exoficial del Servicio Federal de Seguridad ruso (FSB), organizó las milicias de la autodenominada República Popular de Donetsk y fue nombrado ministro de

Defensa. En su corta estancia en la zona, se convirtió, *de facto*, en el comandante militar de las fuerzas separatistas del Dombás. En su calidad de líder, Girkin fue, junto con el también ruso Sergey Dubinsky y el ucraniano Leonid Kharchenko, juzgado en ausencia y condenado a cadena perpetua por su papel en el derribo del Boeing 777 de Malaysia Airlines mientras sobrevolaba Ucrania. El vuelo MH17 fue alcanzado el 17 de julio de 2014 por un misil tierra-aire Buk disparado por paramilitares separatistas ucranianos, matando a los doscientos noventa y ocho civiles que viajaban a bordo. El 17 de noviembre de 2022 un tribunal de Países Bajos consideró que los tres condenados intervinieron para llevar el sistema de misiles Buk desde una base militar rusa a Ucrania y colocarlo en disposición de ser lanzado. Con todo, el juez tuvo en cuenta que Girkin no ordenó que se derribara el avión, pero dio por probada su complicidad como líder en el asesinato de pasajeros y tripulantes. A fecha de hoy, Igor Girkin sigue prófugo de la justicia en su país[33].

Para Rusia, el despliegue de mercenarios y contratistas militares privados es una forma de participar en conflictos armados que considera de interés nacional y, al mismo tiempo, les permite negar todo tipo de implicación estatal. Esta argucia se ha hecho durante los primeros meses de la invasión de Ucrania y en otros teatros de operaciones. Tracey German señala que «alrededor de 1000 de sus mercenarios apoyaron a las milicias prorrusas en la lucha por el control de las regiones de Luhansk y Donetsk»[34]. Esta es, por cierto, la misma cifra de efectivos según estimaciones de los servicios de inteligencia militar británicos.

Como ya hemos apuntado, el propio Yevgeny Prigozhin, después de negarlo durante años, reconoció que Wagner tuvo su bautismo de fuego en el Dombás. El 26 de septiembre de 2022 juzgó que había llegado «el momento de la revelación» y publicó en la red social rusa VK un encendido alegato defendiendo su actuación y la de los combatientes de Wagner. Entre otras cosas, dijo lo siguiente[35]:

Repasemos brevemente los orígenes, tal como eran. En 2014, cuando comenzó el genocidio de la población rusa de Dombás… yo, como muchos otros empresarios, fui al campo de entrenamiento… pero rápidamente me di cuenta de que entre todos estos «cosacos» y otros compañeros paramilitares, la mitad eran estafadores y la mitad de los que tomaron el dinero contrataron voluntarios y los enviaron desnudos y descalzos a la muerte… Luego volé a uno de los campos de instrucción y lo hice yo mismo. Yo mismo limpié las armas viejas, arreglé los chalecos antibalas y encontré especialistas que podrían ayudarme. A partir de ese momento, el 1 de mayo de 2014, nació un grupo de patriotas, que luego adquirió el nombre de BTG «Wagner»*. Fue únicamente gracias a su coraje y valentía que se hizo posible la liberación del aeropuerto de Lugansk y muchos otros territorios… Estos valientes, que solo sabían una cosa: luchar, proteger a los desfavorecidos, resistir hasta la muerte del lado del bien y la justicia, siempre estuvieron en una posición precaria… Estoy orgulloso de haber logrado defender su derecho a proteger los intereses de su país… Estos muchachos, los héroes que defendieron al pueblo sirio, otros pueblos de los países árabes, africanos y latinoamericanos indigentes, se han convertido en uno de los pilares de nuestra patria. Sin pestañear ni un segundo y sin dudar, hay que vivir o morir…

En definitiva, lo que ocurrió en 2014 en Luhansk y Donetsk fue que Prigozhin reclutó un grupo de exmilitares rusos para crear un grupo táctico de entidad batallón al que denominaron Wagner y que, bajo el mando operativo de Utkin, asesoraron y entrenaron a los rebeldes; quizás también participaron en los combates. La actuación pretendidamente encubierta del grupo táctico permitió a Putin eludir, al menos formalmen-

* BTG (Battalion Tactical Group) es una unidad operativa de entidad batallón del Ejército ruso. Aunque no siempre es así, normalmente se forma sobre la base de un batallón de infantería mecanizada y puede contar con dos a cuatro compañías mecanizadas, defensa aérea, artillería, ingenieros y apoyo logístico.

te, cualquier acusación de injerencia en el conflicto interno ucraniano. Eran otros tiempos.

Años después, en 2022, el fracaso de la «operación militar especial» de las fuerzas armadas rusas en Ucrania —mal planificada y peor ejecutada— derivó en una guerra de desgaste con enormes pérdidas humanas y materiales por ambos bandos. En estas circunstancias, Putin solo podía alcanzar sus objetivos estratégicos militares recurriendo a una guerra de desgaste que no había previsto inicialmente. Así las cosas, se vio obligado a adoptar drásticas decisiones, tres de las cuales eran impensables al comienzo de la invasión: la movilización militar de unos trescientos mil efectivos para cubrir bajas y relevar unidades; la compra masiva de drones Kamikaze Shahed-136 de fabricación iraní para destruir infraestructuras civiles críticas, y el empleo por primera vez del Grupo Wagner en combate de forma manifiesta, sin intentar ocultarlo a la opinión pública. Esto último significó un punto de inflexión en la breve pero intensa historia de Wagner y su relación con la Administración estatal rusa. Baste recordar que en mayo de 2022 el ministro de Asuntos Exteriores ruso, Serguéi Lavrov, respondió a una pregunta de periodistas de la televisión italiana asegurando que el Grupo Wagner no estaba desplegado en Ucrania y que no tenía ninguna conexión con el Estado ruso[36].

Varios hechos de guerra contradicen lo afirmado por Lavrov. El 7 de mayo de 2022 finalizó la batalla de Popasna, en Lugansk, con la retirada de las tropas ucranianas y la ocupación de la ciudad por fuerzas del Grupo Wagner y del ejército ruso. Meses más tarde, en julio, se atribuyó a Wagner la captura de la segunda central eléctrica más grande de Ucrania, la de Vuhlehirsk en Donetsk. También en Donetsk y con participación directa de las unidades de Wagner, comenzó en agosto la sangrienta batalla de Bajmut en un intento por compensar las derrotas rusas en Járkov y Jersón. De hecho, Yevgeny Prigozhin dijo en noviembre en su canal de Telegram que quería convertir Bajmut en «una picadora de carne» que debilitase al ejército ucraniano, sin que, al parecer, le preocupara gran cosa que la picadora también se ensañara con sus hombres y los militares rusos[37].

Desde agosto de 2022 hasta su retirada en la primavera del año siguiente, los Wagner combatieron en primera línea como fuerza de asalto apoyada por las fuerzas regulares. El propio Prigozhin reconoció que hubo veinte mil Wagner muertos en la batalla de Bajmut, de los que diez mil fueron reclutados en las cárceles rusas para servir por periodos de seis meses y otros tantos eran combatientes de la empresa a tiempo completo. La «picadora de carne» no hizo distingo entre bandos.

En Ucrania también han operado otras empresas militares privadas rusas como Patriot y Redut-Antiterror, pero era Wagner la única que disponía de sus propios carros de combate, artillería de campaña, sistemas de defensa antiaérea, lanzacohetes múltiples y, en algún momento, aviones de combate. Esto último se sospecha por los derribos ocurridos durante la ofensiva de Popasna del general de división ruso Kanamat Botashev y de un coronel bielorruso, ambos retirados. El general Botashev tenía sesenta y tres años en julio de 2022 cuando falleció al no eyectarse tras ser alcanzado el Su-25 que pilotaba por un misil Stinger ucraniano. Por cierto que el historial militar de este general no parece muy ejemplar, ya que fue suspendido en dos ocasiones por realizar acciones temerarias en 2011 y 2012 mientras pilotaba sin permiso ni cualificación un Su-23 y un Su-27UB respectivamente.

De vuelta al campo de batalla ucraniano, en 2022 y 2023 los paramilitares de Wagner se desplegaron y combatieron bajo el mando del comandante de la unidad rusa responsable de su zona de acción en el frente de Bajmut y se integraron en la cadena logística militar. Esto significa que, a efectos prácticos, operaron como una unidad de combate del ejército ruso y no como una empresa militar privada o un grupo de mercenarios. Tras el descanso operacional del verano de 2023, alargado por la «marcha de la justicia» y la muerte de Prigozhin, la nueva y debilitada Wagner volvió a estar presente en el teatro de operaciones ucraniano bajo el mando y control del Ministerio de Defensa.

Por otra parte, y para finalizar, las fuertes pérdidas sufridas en el Dombás desde mayo de 2022 forzaron a Wagner a reducir los requisitos de alistamiento para el teatro de operaciones ucraniano, algo inaudito hasta entonces y que no se ha aplicado al personal reclutado para combatir en zonas de África u Oriente Próximo. Se decidió, por tanto, que para participar en la guerra de Ucrania no hacía falta tener una salud excelente, gran forma física y experiencia militar acreditada. Para los mayores de treinta y cinco años, bastaba con ser capaces de correr un kilómetro en menos de cuatro minutos y veinte segundos y estar libre de VIH o hepatitis. De esta forma, se eliminó la exigencia de tener una dentadura sana y de no haber sido condenado, con excepción de los delitos sexuales[38]. De hecho y como ya sabemos, los centros penitenciarios se utilizaron como centros de reclutamiento de Wagner para sus operaciones en la invasión de Ucrania.

Las operaciones del Grupo Wagner en República Centroafricana

La República Centroafricana (RCA) es uno de los países más inestables del continente, lo que es mucho decir. El 22 de marzo de 2013 los rebeldes Seleka rompieron el alto el fuego que había puesto fin a la primera guerra civil del país (2004-2007) y solo dos días después habían consumado el golpe de Estado contra el presidente François Bozizé. El país se vio inmerso en una nueva guerra civil, forzando al Consejo de Seguridad de las Naciones Unidas a autorizar el despliegue de varias misiones internacionales.

En diciembre de ese mismo año empezó a actuar la Misión Internacional de Apoyo a la República Centroafricana (MISCA) y las fuerzas militares francesas de la operación Sangaris. El

15 de septiembre de 2014, MISCA fue relevada por la Misión Multidimensional Integrada de Estabilización de las Naciones Unidas en la República Centroafricana (MINUSCA). El 10 de mayo de 2015 se firmó un acuerdo de paz entre los musulmanes de Seleka y los cristianos de Antibalaka. El 30 de octubre de 2016 Francia anunció el fin de la operación Sangaris, manteniéndose MINUSCA como principal fuerza internacional en el país.

El acuerdo de paz de 2015 y la potente intervención de la comunidad internacional en la RCA (en 2022 MINUSCA desplegaba dieciséis mil trescientos veintisiete efectivos, de los que once mil seiscientos diecinueve eran militares y dos mil seiscientos veintinueve policías) no fueron suficientes para conseguir avances significativos en la pacificación del país. Así las cosas, en 2017 el presidente Faustin-Archange Touadéra dio un giro radical a su política exterior y acudió al Kremlin en busca de soluciones. La idea era que Rusia empleara su influencia para lograr que la ONU aprobase una exención al embargo de armas establecido años atrás y que ayudara a la RCA a reorganizar sus fuerzas armadas. A cambio de su apoyo, el Ejecutivo ruso consiguió contrapartidas económicas consistentes en la extracción de recursos minerales centroafricanos.

Resultado de lo anterior fue la Resolución 2399 (2018) del Consejo de Seguridad de las Naciones Unidas que decidió la exención parcial del embargo armas. Acto seguido, Rusia comenzó a proporcionar armamento ligero y equipos militares al Gobierno de la RCA y, en las mismas fechas, se desplegaron en el país los primeros efectivos de Wagner y otras EMP rusas. Inicialmente, los contratistas rusos se centraron en prestar asesoramiento militar al presidente, en ayudar en la distribución de las armas entregadas por la Federación Rusa y en adiestrar a las fuerzas militares centroafricanas. Todas estas medidas tampoco fueron suficientes para estabilizar el país y, ante el deterioro de la situación, a finales de 2020 Rusia procedió a incrementar el número de sus contratistas en la RCA, transfiriéndolos desde Sudán, hasta alcanzar más de dos mil supuestos asesores e instructores militares[39].

El personal de Wagner ha perpetrado graves y sistemáticas violaciones de los derechos humanos en la República Centroafricana. Entre ellas destacan por su gravedad las ejecuciones sumarias masivas, detenciones arbitrarias, violencia sexual, saqueos, desapariciones forzadas y torturas en interrogatorios. A esta conclusión llegaron conjuntamente, en octubre de 2021, expertos de los grupos de trabajo de las Naciones Unidas sobre la utilización de mercenarios, sobre empresas y derechos humanos y sobre desapariciones forzadas, así como los relatores especiales de las Naciones Unidas sobre la tortura y las ejecuciones extrajudiciales, sumarias o arbitrarias[40]. Recordemos que tres años antes del informe oficial de la ONU, en julio de 2018, tres periodistas rusos fueron asesinados a tiros mientras trabajaban en un documental sobre las acciones perpetradas por los Wagner en la RCA.

La imputación de violar los derechos humanos, de la que se hace eco el Parlamento Europeo, es muy grave tanto por su contenido como por quién la realiza (la ONU), pero no es la única infamia de la que se acusa al Grupo Wagner en relación con su desempeño en la RCA. Como hemos apuntado con anterioridad, empresas ligadas al Grupo Wagner se han apropiado de forma ilegítima, o directamente por la fuerza, de recursos esenciales para el desarrollo de los países en los que opera su personal. Nos referimos principalmente a los minerales estratégicos (cobre, plomo, zinc...) o los recursos energéticos no renovables (petróleo, gas natural, carbón...). La producción extractiva es uno de los sectores críticos para los países inestables y en desarrollo, que es donde actúan Wagner y otras EMP, por lo que resulta fundamental retener la propiedad pública de estos recursos o, al menos, mantenerlos bajo estricta regulación de los Gobiernos nacionales.

Sin embargo, tras la firma en 2018 del acuerdo militar entre Rusia y la RCA, la empresa minera Lobaye Invest adquirió los derechos de explotación de oro y diamantes en varios yacimientos mineros del suroeste del país. Lobaye Invest forma parte del entramado de empresas controladas por el oligarca Prigozhin y fue sancionada por las Naciones Unidas. Estas explotaciones mineras están en una región donde operan grupos armados contrarios a la presencia de empresas extranjeras, por lo que Prigozhin recurrió a sus Wagner para asegurar las instalaciones y proteger al personal[41]. Según revela un informe de junio de 2021 de la CNN, mercenarios rusos ejecutaron a civiles y expulsaron a los habitantes de las zonas mineras de la RCA[42].

Además de todas estas acciones de los Wagner contrarias al derecho internacional, Prigozhin también utilizó en la República Centroafricana a su Agencia de Investigación de Internet (IRA) para orquestar campañas de desinformación en favor de la política exterior del Kremlin. Una comunicación del Departamento de Estado de Estados Unidos, fechada el 24 de mayo de 2022, proporcionó detalles de algunas operaciones de influencia realizadas por la agencia IRA en la RCA y otros países africanos, para las que hicieron uso de cuentas falsas y reales de Twitter y Facebook/Meta[43].

Al igual que en los otros escenarios africanos, tras la muerte de Prigozhin, la nueva Wagner continúa presente en el país bajo la dirección del Ministerio de Defensa ruso. El resultado es una Wagner con similares intereses y procedimientos, pero debilitada y con problemas operativos. De hecho, parte de sus contratistas originales tuvieron que ser redesplegados en otros países y reemplazados por ruandeses.

Las operaciones del Grupo Wagner en Libia

La segunda guerra civil de Libia es el otro escenario, junto con la República Centroafricana, en el que primero actuó el Grupo Wagner en África. En mayo de 2014 el general Jalifa Hafter, al mando del Ejército Nacional Libio (LNA, por sus siglas en inglés), se alzó contra el Congreso Nacional General y lanzó una campaña militar contra las milicias que lo apoyaban. A partir de entonces, Libia contó con dos Gobiernos rivales, el Gobierno de Acuerdo Nacional en Trípoli y respaldado por la ONU, y la Cámara de Representantes en Tobruk, al este del país y apoyado por el general rebelde Hafter y el LNA. En marzo de 2021, tras años de fracaso del LNA en su intento por acabar militarmente con el Gobierno de Acuerdo Nacional, se pactó un alto el fuego y el establecimiento del Gobierno de Unidad Nacional auspiciado por la ONU.

Los contratistas privados rusos de varias empresas militares comenzaron a llegar a Libia en 2015 para equipar y adiestrar al LNA. En 2017 los Wagner participaron en la creación de bases de entrenamiento militar en Tobruk y Bengasi y al año siguiente establecieron otras bases en el suroeste de Libia, cerca de la frontera con Egipto, en los aeródromos de Sidi Barrani y Marsa Matruh. Cuando el LNA extendió las operaciones contra el Gobierno de Trípoli al centro y oeste del país, los efectivos de Wagner se reforzaron significativamente hasta alcanzar unos dos mil paramilitares entre 2019 y 2020.

La actuación del Grupo Wagner en Libia no se ha limitado a asesorar, equipar, instruir y adiestrar a las fuerzas del LNA y a proporcionarles asistencia logística o a proteger infraestructuras energéticas e instalaciones industriales. Todo ello puede tener su acomodo en el derecho internacional y entra dentro de lo que se espera razonablemente de una empresa militar. Sin embargo, los Wagner también han participado directamente en las hostilidades en favor del general Hafter, proporcionando francotiradores, pilotando aeronaves de combate y manejando todo tipo de sistemas de armas, como misiles contracarro, misiles tierra-aire, defensa antidrones o artillería antiaérea.

Solo el hecho de que mercenarios o contratistas como los Wagner participen directamente en acciones de combate se considera una transgresión grave de la legalidad internacional. Pero, además, un informe de octubre de 2021 de la Misión de Investigación de las Naciones Unidas sobre Libia documenta incumplimientos múltiples y reiterados del embargo de armas impuesto por la propia ONU y la participación del Grupo Wagner en crímenes de guerra. En particular, el informe enumera ejecuciones sumarias de civiles y detenidos, esclavitud, colocación de minas antipersona, prohibidas internacionalmente, y la muerte o la mutilación de civiles, incluidos niños, por ejemplo, en el pueblo de Al-Sbeaa al sur de Trípoli[44]. Con independencia del informe de las Naciones Unidas, hay suficientes testimonios de primera mano que indican que los Wagner en Libia no hacen prisioneros, los matan, al igual que han hecho con civiles no combatientes[45].

Las operaciones del Grupo Wagner en Siria

En septiembre de 2015 la Federación Rusa comenzó el despliegue de sus unidades militares en Siria para combatir junto al bando del presidente Bashar al-Assad en la guerra civil desencadenada cuatro años antes. Sin embargo, la presencia de EMSP rusas en el país se remonta años atrás, hasta finales de 2012 cuando el Frente Al Nusra —filial siria de Al Qaeda— y los yihadistas enviados por Al Qaeda en Irak, que se escindirían creando el ISIS o Dáesh, empezaron a conquistar territorios. Las primeras EMSP rusas se desplegaron en el país con la finalidad de adiestrar, asesorar y reforzar el ejército árabe sirio. Entre ellas no se encontraba Wagner, que ni siquiera existía, pero sí el Cuerpo Eslavo, de cuya disolución tras el fracaso sirio surgió el Grupo Wagner en Ucrania[46].

Hasta finales de 2015 no se tiene constancia de la presencia en Siria de los Wagner, quienes se desplegaron entonces en apoyo del ejército ruso en su intervención para salvar al régimen de Asad. Al igual que en los escenarios africanos, Wagner también ha sido señalada en Siria por haber cometido crímenes execrables contra la población. En particular, se les acusa de torturas, asesinatos y decapitaciones de personal no combatiente cerca de Palmira[47]. Independientemente de estas atrocidades perpetradas contra civiles, el Grupo Wagner se involucró de forma directa en las hostilidades, participando activamente en acciones de reconocimiento y de combate convencional, urbano y de operaciones especiales, llegando a copiar la organización de los batallones del Ejército ruso y empleando armamento pesado y artillería soviética[48].

Como en la República Centroafricana y otros teatros de operaciones, los Wagner también fueron utilizados para proteger las explotaciones de las empresas rusas en Siria. Así ocurrió con las petroleras Mercury LLC y Veleda LLC, vinculadas a Prigozhin, y otras como Evro Polis, con plantas de petróleo y gas, o Stroytransgaz, que controla una planta de extracción de fosfatos en el centro del país[49].

Las operaciones del Grupo Wagner en Mali

Mali es el último escenario en el que han aparecido los Wagner. A finales de diciembre de 2021 fuentes gubernamentales francesas denunciaron la presencia de los contratistas rusos y a lo largo de las semanas siguientes quedó confirmado por otras fuentes, entre las que destacaba el general Stephen Townsend, comandante del Mando de Estados Unidos para África (AFRICOM)[50].

Tras el golpe de Estado ocurrido en mayo de 2021, la junta militar dio un giro radical a la política exterior del país, alejándose de sus socios tradicionales e iniciando un acercamiento a Moscú que trajo consigo la llegada de los primeros paramilitares de Wagner. Mientras tanto, en enero de 2022, la Comunidad Económica de los Estados de África Occidental (CEDEAO) impuso el cierre de sus fronteras con el país y sanciones económicas por el retraso en la celebración de las elecciones prometidas tras el golpe de Estado. Como represalia, y en cuestión de días, el Gobierno de Mali cerró su espacio aéreo a las fuerzas internacionales y expulsó a las tropas danesas y al embajador francés.

La nueva situación contrarió a los dirigentes franceses, quienes decidieron reducir la presencia militar gala en Mali y poner fin a las operaciones conjuntas con el ejército maliense. Por su parte, el Ejecutivo maliense anunció en mayo que daba por finalizados los acuerdos de defensa a largo plazo con Francia y se puso en manos del Grupo Wagner, que no tardó en ocupar el vacío dejado por el ejército francés. Coincidencia o no, el cambio de socio operativo trajo consigo la ampliación de las operaciones del ejército maliense contra los grupos islamistas, en las que el Grupo Wagner desempeñó un papel muy significativo[51].

A lo largo de 2022 soldados malienses y paramilitares de Wagner ejecutaron numerosos ataques de forma conjunta contra civiles. El Proyecto de Datos de Eventos y Ubicación de Conflictos Armados (ACLED) localizó estas agresiones en las regiones de Mopti, Segou, Tombouctou y Koulikoro, que son importantes zonas de operación de los yihadistas del Frente de Apoyo al Islam y los Musulmanes (Jama'at Nusrat al-Islam wal-Muslimin - JNIM), afiliado a Al Qaeda. En concreto, solo hasta agosto de 2022, ACLED registró por esta causa casi quinientas muertes de civiles y estimó que el 71 % de la violencia política en Mali con participación de Wagner se había dirigido contra los civiles[52]. Reforzando esta estimación, investigadores de la ONU concluyeron que, en marzo de 2022, más de quinientos civiles fueron asesinados durante el trascurso de una corta operación militar en Moura. Según el informe, las ejecuciones extrajudiciales fueron llevadas a cabo conjuntamente por militares malienses y contratistas de Wagner[53]. Esta ha sido, hasta el momento, la mayor masacre documentada de los paramilitares rusos.

El hecho de que el Grupo Wagner perpetrara la mayoría de los ataques contra civiles en Mali operando junto al ejército nacional supuso un cambio respecto a la forma de actuar en la República Centroafricana, donde los mercenarios rusos actuaron de forma independiente. Esto no significa que los Wagner no se basten por sí mismos para violar los derechos humanos y el derecho internacional humanitario. En mayo de 2022 mercenarios de Wagner asaltaron en solitario el pueblo tuareg de Lougui en Segou, saquearon el mercado y robaron sus pertenencias y, en otra acción, secuestraron a cinco personas en el mercado de Hombori, en la región de Mopti[54].

Por otra parte, hay cosas que nunca cambiaron en la dinámica del grupo de empresas fundado por Prigozhin cuando se instalaban en un país en guerra: el aprovechamiento de los recursos naturales. Así, no es de extrañar que Wagner pidiera a Mali la explotación de tres minas de oro operadas por empresas canadienses y localizadas en el sur del país. Las minas servirían para satisfacer el pago acordado a Wagner por los servicios prestados y que ascendían a diez millones de dólares al mes por el despliegue de unos mil doscientos contratistas privados[55].

El fin del Grupo Wagner

La «marcha de la justicia» sobre Moscú

En junio de 2023 los contratistas de Wagner desplegados en Ucrania se habían retirado del frente y disfrutaban de un descanso operacional en campamentos de retaguardia. El tremendo desgaste sufrido durante la cruenta batalla de Bajmut había hecho estragos en sus filas y mermado su capacidad operativa. Al fin y al cabo, combatieron en primera línea, mal equipados y con peores recursos que el ejército ruso. De hecho, Prigozhin llevaba meses mostrando su indignación y quejándose de la escasez de munición, equipos y suministros, de lo que acusaba al Ministerio de Defensa.

El 23 de junio, tras denunciar un supuesto ataque del ejército ruso sobre sus campamentos, Prigozhin cruzó la frontera al frente de una columna blindada de veinticinco mil Wagner e irrumpió en Rostov del Don, una ciudad rusa situada a menos de dos horas de Ucrania. Al día siguiente, Wagner ocupó el cuartel general del Distrito Militar Sur y derribaron no menos de seis aeronaves rusas. Una vez tomada la ciudad con gran apoyo popular, Prigozhin permaneció allí y ordenó a Utkin iniciar la «marcha de la justicia» sobre Moscú. El movimiento de la columna fue un auténtico paseo militar, hasta el punto de que los amotinados avanzaron novecientos kilómetros sin casi oposición hasta que recibieron la orden de detenerse y abortar la operación. Los amotinados ya se encontraban a unos doscientos kilómetros de la capital.

La retirada fue posible gracias a la mediación del presidente de Bielorrusia, Alexander Lukashenko. No se conocen todos los términos del acuerdo, pero sí que Wagner debía entregar el armamento pesado, que Prigozhin tenía que exiliarse a Bielorrusia y que a los contratistas se les ofreció la posibilidad de firmar un contrato con el Ministerio de Defensa, trasladarse a Bielorrusia con su jefe o volver a casa sin cargos. Según un mensaje de audio de Prigozhin difundido en Telegram, decidió abortar la marcha para evitar el derramamiento de sangre rusa, ya que la movilización solo era una forma de protesta que pretendía impedir la destrucción de Wagner y exigir cuentas a los funcionarios.

Durante la rebelión y los días inmediatamente posteriores, Putin mantuvo un perfil inusualmente bajo. Con independencia de cuál fuera su paradero —el avión presidencial salió de Moscú, pero su portavoz afirmó que el presidente estaba en el Kremlin—, llama la atención que eludiera negociar directamente con Prigozhin y que recurriera a la mediación de su fiel aliado Lukashenko. Esta actitud esquiva resulta aún más sorprendente al saberse, por los medios estatales rusos, que Putin se reunió a finales de junio con Prigozhin en Moscú para ofrecerle más opciones de empleo para sus paramilitares.

Cuando por fin se hicieron públicas sus declaraciones, el discurso del presidente ruso se reveló contradictorio y poco coherente con su acción política. Mientras señalaba que la rebelión fue una «puñalada por la espalda» y acusaba a Prigozhin de traidor, los servicios de seguridad no hicieron nada por detenerlo. Es más, se le permitió eludir el supuesto confinamiento en Bielorrusia y moverse libremente por África y Rusia. Al mismo tiempo, Putin no tuvo reparos en elogiar a los paramilitares de Wagner como patriotas, obviando que habían acabado con la vida de decenas de militares rusos durante la marcha a Moscú. Para colmo, también felicitó a las fuerzas armadas rusas por haber evitado una guerra civil, a pesar del papelón, rayano en el ridículo, del ejército regular ruso durante la rebelión.

El 19 de julio, Prigozhin dio la bienvenida a miles de Wagner en el campamento instalado en una antigua base de misiles bielorrusa en Tsel. Dos días después, registró a su grupo empresarial Concord en el mismo pueblo con la pretendida actividad de dedicarse al sector inmobiliario. De esta manera, se daba forma a la tapadera necesaria para asegurar la financiación de los contratistas militares estacionados en Bielorrusia. Por su parte, el presidente Lukashenko se comprometió a garantizar la seguridad del dueño de Wagner y la estancia de su personal en el país a cambio de que les defendieran en caso de ser atacados por Ucrania.

Parecía que todo marchaba según lo acordado y no se volvió a saber nada de Prigozhin hasta que en agosto publicó un vídeo, al parecer grabado en una guarnición africana de Wagner, en el que aseguraba que su empresa hacía que Rusia fuera aún más importante en todos los continentes. Pocos días después, el 23 de agosto, el avión Embraer Legacy 600 en el que viajaba se estrelló al norte de Moscú tras producirse, muy probablemente, una explosión a bordo.

El descabezamiento del Grupo Wagner fue total. En el avión, además del dueño del grupo empresarial, fallecieron el comandante militar, Dimitry Utkin, y el cerebro logístico, Valery Chekalov, alias Rover. Los otros Wagner muertos eran jefes militares de distinto nivel: Sergei Propustin, Yevgeny Makaryan, Alexander Totmin y Nikolay Matuseyev. La tripulación la componían el piloto Alexei Levshin, el copiloto Rustam Karimov y la azafata Kristina Raspopova.

El incierto futuro de Wagner

Wagner se podrá seguir llamando igual, pero no será la misma. Tres de los fallecidos eran figuras insustituibles para su forma de operar. Prigozhin, además de ser el dueño y señor de la empresa, era el líder indiscutible que supo rodearse de lealtades inquebrantables. Por su parte, el discreto Utkin ejerció con estilo propio el mando operativo de los contratistas desde sus primeras acciones en Ucrania. En cuanto a Valery Chekalov, aparte de ser el responsable último de la logística y las finanzas, era el cerebro detrás de los proyectos civiles desarrollados por el *holding*. Controlaba las explotaciones de recursos naturales con los que se pagaban los servicios prestados por Wagner y que servían para financiar el grupo de empresas. Por este motivo, en los últimos años había focalizado sus esfuerzos en los productivos escenarios de Siria y África. Parte de su labor logística consistía en proporcionar armas, municiones y equipo a los contratistas. De hecho, el 20 de julio de 2023 Estados Unidos le sancionó por haber facilitado munición a la Federación Rusa[56]. Llevaba más de veintitrés años con Prigozhin y gozaba de toda su confianza.

El 14 de julio, mientras Prigozhin y los suyos aún se estaban organizando en Bielorrusia, Vladimir Putin propuso al coronel retirado Andrei Troshev, alias Sedoi (pelo gris), como nuevo jefe de Wagner. El coronel Troshev (Leningrado, hoy San Petersburgo, 5 de abril de 1962) es un veterano de la guerra de Afganistán y de la segunda guerra de Chechenia, además de haber servido en unidades antidisturbios y antiterroristas del Ministerio del Interior. Una vez retirado, participó en la creación de Wagner y ejerció de jefe en Siria y de director ejecutivo del grupo.

El 29 de septiembre Putin convocó a una reunión televisada al viceministro de Defensa, general Yunus-Bek Yevkúrov, y al propio Troshev, a quien encargó la supervisión de las unidades de Wagner redesplegadas en Ucrania. Esta reunión escenificó la imposibilidad de mantener la estructura y el modo de operar de Wagner. Troshev podría hacerse cargo, en el mejor de los casos, de la jefatura operativa de los contratistas, es decir, sustituir a Dimitry Utkin, pero Putin ni quería ni podía reemplazar a Prigozhin y a Chekalov. No quería porque había experimentado en carne propia los riesgos de confiar en un oligarca dueño de un ejército de decenas de miles de efectivos mejor pagados y más motivados que los soldados regulares. Y no podía porque, dados los antecedentes, ningún multimillonario querría exponer su dinero y su vida en una aventura como la de reflotar Wagner.

Finalmente, las operaciones de la nueva Wagner serán financiadas por el Estado y ejecutadas bajo el mando directo del Ministerio de Defensa, de ahí la presencia del viceministro en la reunión. Putin se ha hecho con el control de Wagner, que no tiene más dueño que el Estado y que, por tanto, ha perdido buena parte de su valor diferencial. Si el presidente ruso insiste en disponer de un instrumento eficiente para alcanzar objetivos nacionales sin implicar al Estado, tendrá que recurrir a empresas militares privadas de menor entidad, más especializadas y con diferentes propietarios. Bajo ningún concepto permitirá que una sola persona tenga en sus manos una maquinaria bélica capaz de retar su autoridad política. Solo así tendrá opciones de evitar otro motín.

En todo caso, los sucesos del verano de 2023 significaron el fin de Wagner tal y como era. Una vez más, se comprobó que una gestión empresarial extremadamente personalista puede convertirse en la peor amenaza contra la supervivencia de las EMP, sobre todo cuando operan al margen de la ley. Como veremos a continuación, la norteamericana Blackwater tampoco pudo sobrevivir a la eliminación de su propietario.

4
BLACKWATER

En el capítulo anterior decíamos que, si hay una compañía conocida y que destaca sobre las demás por su conducta al límite o fuera de la ley, esa es, sin duda, el Grupo Wagner. Pues bien, si en vez de una compañía tuviéramos que elegir dos, la otra sería, también sin lugar a dudas, Blackwater. Aunque Wagner y Blackwater no son totalmente equiparables, la mala reputación que se ganó esta última obligó a sus dueños a cambiarle dos veces el nombre, primero por el de Xe Services y luego por el de Academi. Por supuesto, hay más EMP señaladas por violar los derechos humanos o actuar en contra del derecho internacional humanitario, pero estas dos son las que más han llamado la atención de la prensa. No en vano, Wagner era rusa y Blackwater estadounidense.

En junio de 2014 Academi fue adquirida por el grupo de empresas Constellis Holdings Inc. (sociedad anónima). Este *holding* es mucho más que una gran empresa de seguridad privada; es la compañía de seguridad y de gestión de riesgos no financieros más grande de Estados Unidos. Con sede en el área de Washington D.C., tiene veinticuatro mil empleados y opera en unos cuarenta países. Sus servicios incluyen el más amplio ámbito de la seguridad de personas y de instalaciones, así como el asesoramiento y apoyo a misiones de ayuda humanitaria y operaciones militares de Gobiernos, empresas multinacionales y organizaciones internacionales de todo el mundo. Sus principales clientes son los Departamentos de Estado y de Defensa de Estados Unidos, a los que proporciona todo tipo de servicios gracias a la especialización de las empresas del grupo, entre las que destacan Triple Canopy, Olive Group y The Development Initiative, así como las compañías heredadas Centerra Group, Academi, AMK9, Omniplex, Strategic Social y Edinburgh International.

En la página web oficial de Constellis se afirma que busca talento militar con experiencia y que la mayoría de sus trabajadores son veteranos militares o exagentes del orden público. De hecho, el *holding* participa en el programa US Army Partnership for Youth Success (PaYS), que podría traducirse como «asociación del Ejército de Estados Unidos para el éxito de la juventud», y que pone en contacto a los soldados con empresas interesadas en ofrecerles un puesto de trabajo. Tratándose de una empresa militar y de seguridad privada (EMSP), no es de extrañar que buena parte de la masa laboral de Constellis provenga del ámbito militar y policial, sobre todo porque alguna de sus filiales se dedica expresamente a la prestación de servicios militares.

Aparte de la antigua Blackwater, posteriormente renombrada Academi (nombre en inglés de la escuela filosófica fundada por Platón), el resto de las empresas del grupo no ha sufrido mayores contrariedades con la prensa o la opinión pública y muestran un comportamiento en general modélico. Por lo tanto, nos ceñiremos al caso de la EMP Blackwater, para lo que empezaremos por conocer a su fundador, presidente y director ejecutivo, Erik Prince.

Erik Dean Prince

El empresario y exmilitar estadounidense Erik Dean Prince (1969) fundó en 1997 la EMP Blackwater, de la que fue director ejecutivo hasta marzo de 2009 y presidente de la junta directiva desde entonces hasta su venta en 2010 a un grupo de inversores.

Erik Prince nació y creció en Holland, Míchigan, una localidad de treinta y tres mil habitantes fundada por inmigrantes holandeses y caracterizada por sus costumbres conservadoras. Su padre, Edgar, fue un exitoso ingeniero y empresario dueño de una fábrica de máquinas de fundición a presión, la Prince Machine Corporation. Con el tiempo diversificó sus negocios, que expandió con centros comerciales y con Prince Automotive, una importante compañía de repuestos y accesorios para automóviles que empleaba a cuatro mil quinientos trabajadores. Junto con su esposa Elsa, la madre de Erik, se convirtió en uno de los pilares del movimiento evangélico y en benefactor de grupos afines de inspiración cristiana, como Focus on the Family.

Erik Prince estudió y se licenció en el Hillsdale College, una universidad privada cristiana y conservadora ubicada en la pequeña ciudad homónima, también en Míchigan. Durante su estancia en Hillsdale ejerció como bombero voluntario y llegó a ser buceador de aguas frías en el departamento del sheriff del condado y técnico en emergencias médicas. En 1990 Edgar consiguió para su hijo una pasantía en la Casa Blanca que no cubrió las expectativas de Erik, quien acabó renunciando para hacer sus prácticas con el congresista republicano y expolicía Dana Rohrabacher, antiguo redactor de discursos del presidente Reagan y distinguido luchador contra la invasión soviética de Afganistán (1978-1992).

Finalizadas sus prácticas profesionales, durante las que localizó una fosa común en Nicaragua de la epoca del expresidente Daniel Ortega, se alistó como oficial en la Armada, ingresando en sus unidades de operaciones especiales, los Navy

SEAL. En 1993 fue destinado al SEAL Team 8, con sede en Norfolk, Virginia, unidad con la que participó en operaciones en Haití, Oriente Medio y Bosnia-Herzegovina. Aunque su intención era permanecer unos cuantos años sirviendo en los SEAL, los avatares de la vida le forzaron a cambiar de planes.

El 2 de marzo de 1995 falleció Prince padre de un ataque al corazón. Más tarde, ese mismo año, diagnosticaron un cáncer a la esposa de Erik, quien estaba embarazada de su segundo hijo (moriría ocho años después). Ante este panorama, Prince abandonó su carrera militar y asumió el control operativo de la empresa familiar hasta que en 1996 su madre la vendió a Johnsons Controls por mil trescientos cincuenta millones de dólares.

En alguna ocasión, Erik Prince ha atribuido el origen de su espíritu emprendedor a su estancia en las fuerzas especiales SEAL, pero la verdad es que no solo heredó de su padre una gran fortuna, sino también las inclinaciones políticas, el espíritu filantrópico y el dinamismo empresarial. Por cierto, una de sus hermanas, Betsy DeVos, comparte con Erik su militancia conservadora, habiendo llegado a ser presidente del Partido Republicano en Míchigan y secretaria de Educación de Estados Unidos en la administración Trump.

En todo caso, con el dinero que le correspondió por la venta de la empresa, Prince compró seis mil acres de terrenos (dos mil cuatrocientas veintiocho hectáreas) en Moyock, Carolina del Norte, donde construyó un complejo con todo lo necesario para convertirse en un completo centro de entrenamiento para policías, militares y, en particular, la comunidad de operaciones especiales. Los terrenos disponen de un gran refugio, hangares, aeronaves, cincuenta y dos campos de tiro, la pista de conducción táctica más larga del mundo y escenarios para el combate urbano con aldeas, plazas de ciudades, vehículos explosionados y cruces ferroviarios.

Una vez que tuvo las instalaciones en funcionamiento, el 15 de mayo de 1998 Erik Prince fundó oficialmente el complejo militar privado más grande del mundo, al que llamó Blackwater Lodge and Training Center. El nombre de Blackwater (agua negra) lo tomó del color del terreno pantanoso de la zona, y el característico logotipo con la planta de un pie de un oso está inspirado en la población de plantígrados que viven en la propiedad.

Primer logotipo de Blackwater, con la retícula del visor de un arma

Durante sus primeros años de funcionamiento, el campo de entrenamiento fue utilizado por miembros del Ejército, los SEAL, el FBI, la CIA y la policía local. La intención inicial de Prince no era convertir Blackwater en una EMP y firmar jugosos contratos con el Pentágono, pero cambió de idea después de lo ocurrido tras el ataque al buque de guerra USS Cole en Yemen y los atentados contra las Torres Gemelas y otros objetivos de los terroristas en Estados Unidos.

El 12 de octubre de 2000 una lancha manejada por dos terroristas suicidas de Al Qaeda explotó contra el destructor de la Marina estadounidense USS Cole mientras repostaba en el puerto yemení de Adén. Además de los dos suicidas, el ataque se cobró la vida de diecisiete marineros, hirió a una treintena y ocasionó serios desperfectos en el buque. La US Navy reaccionó recurriendo a Prince y otros especialistas para que entrenaran a sus marineros en la defensa contra este tipo de ataques a corta distancia. El consiguiente contrato proporcionó un ingreso económico adicional a Blackwater y, muy importante, sirvió para alimentar su base de datos de militares retirados, muchos de ellos veteranos de operaciones especiales, que podrían contratarse en el futuro como instructores.

En 2001 se produjeron los atentados del 11-S que dieron lugar a la invasión estadounidense de Afganistán. La CIA se instaló en bases permanentes del país asiático y activó contratistas para reforzar su Centro de Actividades Especiales (SAC, por sus siglas en inglés). En la agencia no tardaron en comprobar que, con sus propios medios, no podían proporcionar la protección necesaria para su personal e instalaciones. Fue entonces cuando la CIA volvió a recurrir a Erik Prince, a quien poco antes habían denegado su petición de ingreso en el SAC[57].

En la primavera de 2002 el director ejecutivo y número tres de la CIA, Alvin «Buzzy» Krongard, le propuso a Prince el primer encargo para Blackwater como empresa militar privada operando en el exterior. Necesitaba desplegar en Kabul un grupo de veinte hombres bien entrenados para reforzar la protección de la sede provisional de la CIA en Kabul y la base de Shkin, situada muy cerca de la frontera con Pakistán, en la provincia de Paktika. En cuestión de días, Prince organizó su equipo, del que él mismo formó parte, y así pudo cerrar un contrato de 5,4 millones de dólares por seis meses de misión.

En el teatro de operaciones afgano Prince comprendió que se ganaba mucho más dinero proporcionando equipos de seguridad en zonas conflictivas que administrando un campo de adiestramiento militar en Carolina del Norte. El negocio en Afganistán era muy ventajoso para Blackwater, que pagaba a cada contratista de seguridad quinientos cincuenta dólares al día y facturaba a la CIA mil quinientos dólares por hombre y día[58]. Con estas cifras en mente, Prince no dudó en reconvertir definitivamente su empresa en una EMP.

A Afganistán se siguieron otros contratos y compromisos para la nueva empresa militar, sobre todo en Irak en 2003 con la administración Bush hijo. En consecuencia, Blackwater fue creciendo y llegó a adquirir helicópteros, pequeños aviones de transporte de fabricación española y hasta un Boeing 767. No contento con el cambio de orientación dado a la compañía, Prince creó una unidad paramilitar autosuficiente compuesta por mil setecientos cuarenta hombres que disponían de su propio apoyo aéreo, equipos sanitarios, ingenieros y armamento moderno. Para que este pequeño ejército pudiera actuar sin tener que someterse a las restricciones legales de Estados Unidos, lo asignó a Greystone Limited, una nueva empresa de seguridad perteneciente a Blackwater, pero registrada en Barbados y concebida para la contratación de trabajadores extranjeros. Prince presentó su nueva compañía a principios de 2005 en un acto celebrado en el lujoso hotel Ritz-Carlton de Washington D.C. La lista de invitados para la inauguración incluía fabricantes de armas, compañías petroleras y diplomáticos internacionales, incluidos agregados militares.

Poco antes, en 2004 la División de Recursos Nacionales de la CIA finalmente aceptó reclutar a Erik Prince para incorporarse a una red secreta de ciudadanos con habilidades especiales o acceso inusual a objetivos de interés. En realidad, Prince era un buen fichaje porque, además de su preparación operativa, tenía a su servicio más contactos, dinero, medios y personal especializado que casi cualquier otra persona que la CIA haya reclutado jamás. Aunque no se sabe con absoluta certeza en qué consistió su aportación a la agencia, se especula que puso en práctica procedimientos para insertar personal en áreas denegadas, es decir, países donde la CIA no podía operar por carecer de estaciones o porque los servicios de inteligencia locales eran capaces de frustrar sus operativos.

Sin embargo, en julio de 2009 *The Wall Street Journal* publicó que Prince y Blackwater formaron parte de una fuerza especial de la CIA creada para eliminar terroristas. Según este diario, el propósito de la agencia era ejecutar una autorización presidencial firmada en 2001 para capturar o matar agentes de Al Qaeda. Al parecer, la idea era insertar pequeños equipos de ataque en el extranjero, pero no lograron grandes resultados.

A este respecto, no cabe duda de que algún congresista, senador o incluso la propia agencia filtró a la prensa el informe confidencial que el nuevo director de la CIA, Leon Panetta, presentó en junio de 2009 a los comités de inteligencia de la Cámara de Representantes y del Senado de Estados Unidos. Fruto de la filtración, el 19 de agosto los diarios *The New York Times* y *The Washington Post* revelaron que en 2004 la CIA había pedido la colaboración de Blackwater para matar yihadistas y que el programa había estado activado hasta la llegada de Panetta a la dirección de la agencia[59]. Al día siguiente, *Times* amplió la noticia revelando cómo los contratistas de Blackwater hicieron uso de aviones no tripulados —drones militares— para matar talibanes y líderes de Al Qaeda[60].

La filtración de la Administración demócrata se produjo pocos meses después de que en marzo de 2009 Prince renunciara a la dirección ejecutiva de Blackwater Worldwide. Al ser el propietario, se mantuvo como presidente de la junta directiva hasta que en 2010 vendió la EMP a un grupo de inversores. Para entonces, la imagen pública de la compañía estaba tan deteriorada que le cambiaron el nombre por el de Xe Services.

Después de su experiencia con Blackwater en Afganistán e Irak, Erik Prince no cambió de línea de negocio, aunque sí de cliente y zona de operaciones. En enero de 2011, Associated Press difundió la noticia de que Prince estaba interviniendo en la movilización y adiestramiento de dos mil somalíes para luchar desde tierra, en Somalia, contra los piratas del golfo de Adén. Al parecer, se trataba de un programa multimillonario financiado por varios Estados árabes entre los que participaba

Emiratos Árabes Unidos, país adonde Prince había trasladado su residencia[61].

Años después *The New York Times*, *The Washington Post* y Associated Press volvieron a filtrar un informe confidencial, esta vez de las Naciones Unidas, que acusaba a Erik Prince de haber violado el embargo de armas internacional a Libia[62]. Según dicho informe, en la primavera de 2019, Prince desplegó en el este del país un grupo de paramilitares occidentales para reforzar al Ejército Nacional Libio del general rebelde Jalifa Hafter en su ofensiva contra el Gobierno de Trípoli reconocido por la ONU. A pesar de contar con los mercenarios, que costaron ochenta millones de dólares, la ofensiva fracasó por el apoyo de tropas turcas al Gobierno de Trípoli.

El abogado de Prince, Matthew Schwartz, emitió un comunicado negando que su cliente hubiera proporcionado armas, personal o equipo militar a nadie en Libia. En todo caso, y de ser cierta la información filtrada de las Naciones Unidas, se habría dado la tremenda paradoja de que los mercenarios de Wagner y los de Erik Prince habrían coincidido en el mismo bando combatiendo contra un enemigo común: el Ejecutivo de Libia reconocido por la comunidad internacional.

Afganistán, que fue el escenario de los primeros trabajos en el exterior de Blackwater, también ha sido el último conflicto en el que hasta el momento se han tenido noticias profesionales de Erik Prince. Según informó *The Wall Street Journal* y, de nuevo, *The Washington Post*, en agosto de 2021, Prince vio una oportunidad de negocio en la desesperada evacuación de civiles de Afganistán ocurrida durante la retirada estadounidense del país que arrastró consigo a todo el despliegue militar internacional. Al parecer, su personal ofrecía acceso al Aeropuerto Internacional Hamid Karzai de Kabul y embarque en un vuelo chárter a cambio de seis mil quinientos dólares por persona, más una cantidad adicional si había que sacar al cliente de su domicilio y llevarle al aeropuerto[63]. En tal caso, Prince habría sido uno de tantos contratistas privados, veteranos militares, expolicías y trabajadores humanitarios que intentaron evacuar de Kabul a la mayor cantidad posible de personas durante el caos provocado por la precipitada retirada de las tropas internacionales.

En definitiva, desde una perspectiva profesional, Erik Prince ha sido militar, empresario y agente de la CIA. Como militar, sirvió en operaciones especiales junto a los prestigiosos Navy SEAL; como empresario dirigió la empresa familiar y creó la EMP Blackwater, de la que fue CEO y presidente, y como agente de la CIA, ayudó a insertar personal en áreas denegadas para los servicios de inteligencia estadounidense y organizó equipos para eliminar miembros de Al Qaeda. Por el tiempo dedicado a cada faceta, podríamos afirmar que Prince ha sido, sobre todo, un importante emprendedor en el mercado de los servicios militares a los que ha aportado su experiencia y formación operativa.

En lo político, son claras sus simpatías. Desde 1998 y durante años, Prince ha contribuido de forma constante con más de doscientos mil dólares al Comité Nacional Republicano y ha apoyado a varios candidatos conservadores, entre ellos a George W. Bush[64]. En lo personal, se define como católico practicante y firme defensor del libre mercado. Está convencido de que las organizaciones privadas y de caridad proporcionan mejores soluciones que los Gobiernos a los problemas de la sociedad[65]. Con todo, su fe católica no le ha impedido construir mezquitas en las bases extranjeras de Blackwater o donar grandes cantidades de dinero a causas evangélicas y musulmanas.

ERIK DEAN PRINCE
Cargo: fundador y director ejecutivo de Blackwater; presidente de la junta directiva de Blackwater.
Rango: oficial de la Armada estadounidense; agente de la CIA.
Fecha de nacimiento: 6 de junio de 1969.
Lugar de nacimiento: Holland, Míchigan, Estados Unidos.
Nacionalidad: estadounidense.

De Blackwater USA a Apollo Global Management

La cronología de Blackwater hasta formar parte del grupo de empresas Constellis que, posteriormente fue adquirida por Apollo Global Management, es la siguiente:

- Blackwater USA. El 26 de diciembre de 1996 en Carolina del Norte, Al Clark y Erik Prince crean Blackwater USA como instalación de entrenamiento de militares, policías y agentes de inteligencia.
- Blackwater Lodge and Training Center. El centro de adiestramiento de Blackwater abrió oficialmente el 15 de mayo de 1998. Cambió de nombre con las reestructuraciones de la compañía, llamándose sucesivamente Xe Training Center y Academi Training Center. Desde que es propiedad de Constellis se llama United States Training Center (USTC).
- Blackwater Security Company (BSC). Operó entre 2002 y 2007 y fue la EMP de Blackwater que contrató la CIA para dar seguridad a su sede en Kabul y a otra base en Afganistán. Su primer contrato en Irak lo firmó en 2002 y lo comenzó a ejecutar ese mismo año.
- Blackwater Worldwide. En octubre de 2007, Blackwater USA comenzó el proceso de cambio de nombre por el de Blackwater Worldwide. Simplificó ligeramente su logotipo eliminando la retícula de cruz que recordaba la mira del visor de un arma.
- Xe Services LLC. Como parte de un plan de reestructuración general de la compañía, en febrero de 2009, Blackwater anunció el cambio de su nombre por el de Xe Services LLC (sociedad de responsabilidad limitada). El 2 de marzo Prince notificó su renuncia como director ejecutivo, permaneciendo como presidente de la junta directiva, pero sin involucrarse en las operaciones diarias.

- ACADEMI. En 2010 un grupo de inversores privados compró Xe Services y la transformaron en una nueva empresa a la que llamaron Academi. En la junta directiva de Academi figuraba el exfiscal general John Ashcroft, el exconsejero de la Casa Blanca y jefe de Gabinete Vicepresidencial Jack Quinn, el almirante retirado exdirector de la NSA Bobby Ray Inman y, como presidente de la junta, el empresario Red McCombs.
- CONSTELLIS HOLDINGS INC. En junio de 2014 Constellis Holdings Inc. adquirió Academi fusionándola con Triple Canopy, una de sus empresas subsidiarias. Academi terminó integrándose por completo en la empresa matriz.
- APOLLO GLOBAL MANAGEMENT INC. En septiembre de 2016 Constellis fue comprada por Apollo Global Management, una compañía estadounidense de capital privado que invierte en crédito, capital privado y activos reales en nombre de fondos de pensiones, dotaciones financieras, fondos soberanos e inversores. Apollo es una firma global que no está especializada en servicios militares y de seguridad.

LAS OPERACIONES DE BLACKWATER

Además del adiestramiento de militares, agentes y policías norteamericanos en su territorio nacional, Blackwater ha ejecutado alguna actuación operativa dentro de Estados Unidos. Por ejemplo, después de la devastación provocada en 2005 por el huracán Katrina, la empresa envió a unos doscientos operarios a la costa del golfo de México para colaborar en las labores de rescate. La mayoría de este personal fue destinado a proteger las instalaciones gubernamentales, mientras que el resto se dedicó a tareas de seguridad, logística y transporte, aunque también se aplicaron con firmeza en acciones parapoliciales enfrentándose a los numerosos delincuentes que se aprovecharon de la situación.

No obstante, este tipo de actuaciones en territorio nacional son totalmente ajenas a los conflictos armados y, por lo tanto, no tienen gran relevancia para el tema que nos ocupa. Dicho esto, no incidiremos más en ellas y pondremos el foco en las actividades de Blackwater en los teatros de operaciones de alta conflictividad en los que ha actuado, esto es, Afganistán e Irak.

Las operaciones de Blackwater con la CIA en Afganistán e Irak

En el apunte biográfico de Erik Prince vimos que las actuaciones de Blackwater en el exterior comenzaron en 2002 en Afganistán y que su finalidad era, al menos oficialmente, dar protección al personal e instalaciones de la CIA. Sin embargo, los contratistas de la recién creada EMP no se limitaron a ejecutar tareas de seguridad, ni mucho menos. También apoyaron activamente las actividades encubiertas y operaciones ofensivas de la agencia de inteligencia estadounidense.

Algo parecido ocurrió poco después en Irak, aunque allí los contratistas de Blackwater también se vieron involucrados en graves incidentes armados que no tuvieron nada que ver con la CIA. Por lo tanto, empezaremos por ver la forma en la que la agencia estatal y la empresa privada —la CIA y Blackwater— colaboraron más allá de lo que exigía la seguridad y dejaremos para más adelante las controvertidas acciones armadas que protagonizó la EMP en Irak y que marcaron definitivamente su futuro.

Una investigación del diario *The New York Times* publicada a finales de 2009 reveló la participación activa de Blackwater en misiones de la CIA en Afganistán e Irak[66]. Como sabemos, en la primavera de 2002, Erik Prince y Alvin B. Krongard, el entonces número tres de la agencia, firmaron un contrato para la protección de la sede provisional de la CIA en Afganistán ubicada en el hotel Ariana de Kabul. En cuestión de días, el personal de Blackwater, muchos de ellos exmiembros de los Navy SEAL y Delta Force, estaba proporcionando la seguridad perimetral del hotel. Finalmente, y como era de esperar, los contratistas privados no tardaron en acompañar a los funcionarios de la CIA en sus operativos para seguir encargándose de su seguridad.

Algo parecido ocurrió en Irak. La CIA contrató a Blackwater para la seguridad estática de su estación en Bagdad, pero los contratistas terminaron protegiendo también a los agentes en sus desplazamientos por el país. En la práctica, eso significaba que el personal de Blackwater acompañaba a los funcionarios incluso en las operaciones armadas en las que a veces participaban equipos de operaciones especiales de Delta Force o Navy SEAL. En concreto, y siempre según la información publicada por *The New York Times*, el papel de Blackwater se amplió en 2005 a medida que se intensificaban los ataques de la insurgencia iraquí. La situación llegó a un punto en que la CIA decidió prohibir a sus agentes salir sin escolta de la Zona Verde de Bagdad (la zona más segura).

Esta medida de precaución le fue dando cada vez más capacidad de influencia a Blackwater, tanto en el planeamiento como en la ejecución de las operaciones clandestinas, ya que su personal era consultado por la CIA sobre la mejor forma de establecer la seguridad de los operativos. Es cierto que, inicialmente, Blackwater solo se encargó de establecer la seguridad perimetral de los dispositivos, mientras que la CIA y los militares de operaciones especiales ejecutaban la acción directa sobre el objetivo, es decir, en el interior del perímetro asegurado. Sin embargo, no resulta nada sencillo coordinar y delimitar con precisión los papeles de tres grupos tan dispares como Blackwater, la CIA y el Ejército cuando se integran en una operación secreta contra insurgentes y terroristas. Esta dificultad, unida a la incertidumbre en la ejecución de los dispositivos y al hecho de que muchos contratistas de Blackwater —al fin y al cabo, exmilitares y policías— deseaban tener una participación más resolutiva, hicieron que Blackwater se involucrarse de lleno en muchas acciones.

La participación de Blackwater en las intervenciones de riesgo de la CIA fortaleció la relación entre agentes y contratistas privados, algo lógico teniendo en cuenta que el éxito de las operaciones y la seguridad del personal dependían del buen hacer de todos ellos. En este sentido, un exalto funcionario de la agencia manifestó que se creó una relación fraternal entre ellos y que daba la sensación de que Blackwater se había convertido en una extensión de la CIA. Rebatiendo esta afirmación, el portavoz de la empresa, Mark Corallo, aseguró al *The New York Times* que Blackwater no tenía contrato alguno para participar en operaciones clandestinas con la CIA o con personal de operaciones especiales en Irak, Afganistán o en cualquier otro lugar.

El desmentido de Mark Corallo puede parecer muy contundente, pero no lo es tanto. La realidad es que tiene poca trascendencia y probablemente sea cierto en su literalidad, pero no en su fondo. Ningún funcionario en su sano juicio firmaría un contrato oficial para que unos trabajadores civiles de una empresa privada —los contratistas— participen en operaciones secretas antiterroristas o de contrainsurgencia ejecutadas por una agencia de inteligencia estatal. Cosa distinta es que se haya llegado a un acuerdo no escrito o que, simplemente, haya surgido esa necesidad con la evolución de los acontecimientos. Esto último no ha sido negado por el portavoz de Blackwater.

En todo caso, hay testimonios que apuntan a la participación de miembros de Blackwater en acciones letales contra líderes de Al Qaeda y en el empleo de aviones no tripulados Predator de la CIA en Afganistán y Pakistán. Atendiendo a las numerosas informaciones de la prensa, declaraciones políticas, procesos judiciales y comparecencias institucionales, es más que probable que Blackwater haya tomado parte activamente en las operaciones de la CIA contra Al Qaeda y los movimientos insurgentes en Afganistán e Irak.

También es probable que se haya llegado a este grado de implicación por la dinámica de los hechos y el deterioro de la seguridad y que, inicialmente, ni la CIA ni Blackwater tuvieran la intención de llegar a ese grado de cooperación operativa. Dicho de otro modo, la implicación de los contratistas de Blackwater en las operaciones de la CIA podría haber evolucionado de la siguiente manera:

- Inicialmente, los contratistas se encargaron de la protección de las instalaciones de la agencia y sus agentes. Para eso se contrató a Blackwater.
- Conforme aumentaba la inseguridad en la zona de operaciones, los contratistas comenzaron a escoltar a los agentes en sus desplazamientos.
- Con el tiempo, la escolta de los contratistas se amplió a los movimientos operativos como, por ejemplo, los traslados de presos a establecimientos secretos de detención e interrogatorio.
- Operativamente, no es adecuado emplear unidades de operaciones especiales en la seguridad perimetral de una operación, por lo que la CIA recurrió a Blackwater para proteger sus dispositivos de captura de terroristas e insurgentes. Al fin y al cabo, ellos mismos se encargarían de la seguridad del traslado posterior.
- Llegado a este punto, los contratistas pudieron involucrarse aún de forma más activa en las acciones operativas de la CIA.

Esta dinámica se pudo dar porque las circunstancias lo favorecieron. En primer lugar, porque la seguridad en las zonas de operaciones de Afganistán e Irak sufrieron un rápido deterioro, aumentando considerablemente las necesidades de protección, muy por encima de las capacidades de los agentes y militares. En segundo lugar, porque el trabajo conjunto y la procedencia militar y policial de los contratistas reforzaron la confianza en estos últimos; eran fiables. En tercer lugar, por la predisposición de los gestores y los contratistas de Blackwater para implicarse en acciones de mayor responsabilidad y riesgo. Y, por último, pero fundamental, por la buena preparación técnica y operativa de la mayoría de los contratistas privados. De no haber sido así, probablemente no estaríamos hablando de la participación directa de Blackwater en las operaciones de la CIA.

Las operaciones de Blackwater en Irak

El 1 de mayo de 2003 el presidente George W. Bush dio por finalizada la guerra de Irak. En su discurso desde la cubierta del portaaviones USS Lincoln proclamó «¡misión cumplida!» (*mission acomplished!*), con lo que concluía la operación militar iniciada el 20 de marzo. Una vez derrocado Saddam Hussein, Bush estableció una misión política del Departamento de Estado bajo el mando del diplomático Paul Bremer, quien relevó el 6 de mayo al teniente general retirado Jay Garner como director para la Reconstrucción y Asistencia Humanitaria. En contra de lo esperado, al menos por ellos, Irak se convirtió rápidamente en un país muy inestable, un polvorín en el que medios gubernamentales de Estados Unidos demostraron ser insuficientes para garantizar la seguridad de Bremer y del resto de los diplomáticos y funcionarios norteamericanos.

Así las cosas, la administración Bush volvió a recurrir a Erik Prince y Blackwater, aunque no solo a ellos; Irak se convirtió en el escenario con mayor presencia de contratistas hasta la fecha. Se estima que unos cien mil civiles trabajaron para las más de ciento ochenta empresas privadas al servicio de la coalición internacional liderada por Estados Unidos. Si bien para el cálculo de estas cifras se han tenido en cuenta a cocineros, ingenieros, mecánicos, conductores, intérpretes y demás personal no armado, entre ellos se incluyen asimismo los miles de contratistas militares dedicados a labores de seguridad y protección. Al final, todas las compañías importantes del sector estaban presentes en Irak, incluidas las norteamericanas DynCorp y Triple Canopy —también del grupo Constellis— o la británica ArmorGroup.

En todo caso, Blackwater no tardó en ponerse manos a la obra, y en agosto de 2003 ya había firmado el primer contrato: veintiún millones de dólares por un destacamento de seguridad personal y dos helicópteros que protegieran a Paul Bremer[67]. Por otra parte, tampoco tardó mucho en sufrir un gravísimo revés que ha quedado para la historia como la «emboscada de Faluya». Esta localidad, conocida como la ciudad de las mezquitas, se encuentra a orillas del Éufrates en el llamado triángulo suní, un territorio delimitado por Bagdad, Ramadi y Tikrit donde se concentró lo más violento de la resistencia contra la ocupación internacional.

Pues bien, el 31 de marzo de 2004 una emboscada de un grupo insurgente sorprendió a un convoy de dos vehículos todoterreno y cuatro contratistas de Blackwater que se desplazaba por Faluya para realizar una entrega de la empresa de cáterin Eurest Support Services (ESS). Los cuatro contratistas murieron como consecuencia del ataque y sus cadáveres fueron golpeados, quemados y mutilados por la población civil que, acto seguido, los arrastró por las calles de la ciudad para terminar colgando a dos de ellos de un puente sobre el río Éufrates.

Las fotos de civiles iraquíes posando sonrientes y llenos de entusiasmo junto a los cadáveres carbonizados de dos ciudadanos norteamericanos dieron la vuelta al mundo y causaron una gran indignación en Estados Unidos. En consecuencia, las circunstancias que rodearon a la emboscada de Faluya, junto con la muerte unos días antes de cinco soldados estadounidenses en Habbaniya, fueron determinantes para que el Ejército americano se decidiera a lanzar dos operaciones militares contra los grupos insurgentes con la finalidad última de retomar el control de la ciudad.

La operación Vigilant Resolve (Resolución Vigilante) se ejecutó de forma inmediata, en los primeros días de abril, y desencadenó la primera batalla de Faluya. Por razones de política interna, la operación se dio por finalizada de forma prematura y sin tiempo material para alcanzar los objetivos previstos. Las razones políticas para abortar la operación estaban relacionadas con el hecho de que, en esas fechas, el país aún estaba tutelado por la Autoridad Provisional de la Coalición (CPA) bajo la dirección del embajador Bremer. El 28 de junio de 2004 la CPA transfirió el poder al Gobierno interno iraquí y ese mismo día Paul Bremer abandonó el país.

La segunda operación sobre Faluya recibió el nombre de Phantom Fury (Furia Fantasma) y se desarrolló en circunstancias muy diferentes a la primera, sobre todo por lo que respecta a la participación iraquí. Para empezar, Phantom Fury fue autorizada por el Gobierno interino iraquí, que ya ejercía la autoridad política sobre el país y estaba formado por ciudadanos locales. Además, en esta ocasión unos dos mil militares iraquíes y un batallón británico se sumaron a las fuerzas norteamericanas en los combates. Phantom Fury dio lugar a la segunda batalla de Faluya, que se desarrolló entre noviembre y diciembre de 2004, y terminó siendo la más sangrienta de la guerra. Finalmente, el 23 de diciembre fueron neutralizados los últimos reductos insurgentes de la ciudad, dándose por concluida la operación de forma exitosa para los intereses de la coalición internacional.

Según la inteligencia estadounidense, el autor intelectual de la emboscada fue Ahmad Hashim Abd al-Isawi, un líder de Al Qaeda conocido desde entonces en los círculos militares de la coalición como el Carnicero de Faluya (Butcher of Fallujah). La noche del 1 al 2 de septiembre de 2009 un equipo de veinticinco hombres de los Navy SEAL le capturó en una vivienda de esa misma localidad[68]. Al-Isawi permaneció detenido una temporada en Camp Schwedler (Irak) a disposición de los agentes de inteligencia norteamericanos, a quienes acusó de maltrato. Finalizados los interrogatorios, fue entregado a las autoridades iraquíes, quienes le enjuiciaron y condenaron a muerte, siendo ejecutado en la horca en noviembre de 2013.

La emboscada de Faluya también tuvo connotaciones políticas y judiciales en Estados Unidos. En enero de 2005 las familias de las víctimas, lideradas por dos de las madres, presentaron una demanda contra Blackwater por homicidio culposo (Helvenston *et al.* v. Blackwater Security) que, cinco años después, fue desestimada por el juez federal de distrito. En enero de 2012 el Tribunal Federal de Apelaciones puso fin al procedimiento cuando las familias de los fallecidos llegaron a un acuerdo confidencial con la empresa que, para entonces, ya se llamaba Academi.

Mientras se dilucidaban las responsabilidades jurídicas de la emboscada, en 2007 se emitió un informe del Comité de Supervisión y Reforma Gubernamental de la Cámara de Representantes sobre las acciones de Blackwater en Faluya[69]. El informe, que fue elaborado por el congresista demócrata y presidente del comité, Henry Waxman, es todo un alegato contra la actuación de Blackwater. En él, Waxman acusa a la EMP de haber ignorado las múltiples advertencias de los peligros de ir a Faluya y de enviar personal a la zona más caliente de Irak en vehículos sin blindaje. Es más, define a Blackwater como una organización desordenada y sin preparación para operar en un ambiente hostil. Y para finalizar, Waxman pone la puntilla afirmando que la empresa retrasó e impidió la investigación sobre las muertes de los contratistas. Textualmente, el informe refleja que la investigación «se retrasó y obstaculizó por la obstinación de Blackwater y las afirmaciones cuestionables de la empresa de que no podía poner a disposición del comité información sobre el incidente de Faluya».

Pero Blackwater no siempre ha jugado el papel de víctima en el conflicto de Irak, ni mucho menos. El 16 de septiembre de 2007 un convoy de vehículos del Departamento de Estado y funcionarios de la Agencia para el Desarrollo Internacional de Estados Unidos (USAID) se dirigía a una reunión en el oeste de Bagdad. Al llegar a la atiborrada plaza Nisour, la escolta del convoy, que corría a cargo de un destacamento de seguridad privada de Blackwater, abrió fuego contra civiles iraquíes matando a diecisiete e hiriendo a veinte.

Los contratistas privados involucrados en la acción aseguraron que el convoy cayó en una emboscada y que ellos se limitaron a repeler el ataque disparando contra los asaltantes. Sin embargo, el Gobierno iraquí sostuvo desde el principio que no hubo provocación, opinión que fue compartida por el Departamento de Estado norteamericano en unas declaraciones en las que declaró que «se perdieron vidas inocentes»[70]. El incidente provocó varias investigaciones tanto iraquíes como estadounidenses y, básicamente, todas concluyeron que el personal de Blackwater disparó sin que mediara ataque alguno y que hicieron un uso excesivo de la fuerza[71]. Así, por ejemplo, el FBI llegó a la conclusión de que hubo al menos catorce muertos por disparos injustificados de los contratistas[72].

En cualquier caso, en virtud de la Ley de Jurisdicción Extraterritorial Militar, desde el año 2000 los tribunales de Estados Unidos son competentes para juzgar este tipo de hechos. Esta ley no solo es de aplicación a los soldados; también afecta al personal que los acompaña y a los que hayan sido contratados por las fuerzas armadas estadounidenses en zonas de combate. Así, después de un largo proceso y tras veintiocho días de deliberación, el 22 de octubre de 2014 un jurado federal de Washington encontró culpables a los cuatro excontratistas de Blackwater que abrieron fuego contra la población en la plaza Nisour de Bagdad.

Una vez establecida la culpabilidad de los acusados, el 13 de abril de 2015 un tribunal federal del Distrito de Columbia condenó a Nicholas Slatten a cadena perpetua por asesinato en primer grado y a Paul Slough, Evan Liberty y Dustin Heard a treinta años de prisión por homicidio culposo, intento de homicidio y delito con armas de fuego. En el juicio se determinó que los otros tres contratistas que escoltaban el convoy no hicieron uso de sus armas contra los civiles. Finalmente, los cuatro excontratistas condenados fueron agraciados con el indulto decretado por el presidente Donald Trump el 22 de diciembre de 2020, solo un mes antes de ser relevado por Joe Biden.

Más allá del drama por la pérdida de vidas humanas, el tiroteo de Nisour tuvo otras graves consecuencias. En aquella época la tensión, la inseguridad y la inestabilidad eran parte del escenario habitual de Irak. En estas circunstancias, los muertos y heridos por disparos de civiles norteamericanos en plena capital del país exacerbaron la indignación de la población local y produjo un fuerte sentimiento de rechazo hacia la injerencia internacional en los asuntos internos y, muy particularmente, en contra de la presencia de contratistas privados. Así las cosas, el Gobierno de Irak solo tardó un día en revocar la licencia de Blackwater para operar en el país, mientras que el primer ministro, Nuri al-Maliki, pidió a Estados Unidos que rescindiera su contrato con la EMP.

La indignación por lo sucedido no tardó mucho tiempo en transcender el ámbito local para extenderse internacionalmente, avivando el debate sobre el papel que debían desempeñar las EMP en los conflictos armados. El hecho de que los protagonistas del tiroteo de Nisour fueran contratistas de nacionalidad norteamericana añadió una gran carga simbólica a la controversia y se utilizó en determinados ámbitos como argumento para denunciar los abusos cometidos por Estados Unidos en sus operaciones militares en el extranjero.

A nivel interno, la Administración norteamericana se cuestionó hasta qué punto era aceptable que sus intervenciones exteriores tuvieran tanta dependencia de las EMP. En aquellos años se había alcanzado un punto en el que no solo el Departamento de Estado y la CIA recurrían a empresas privadas de forma sistemática para proteger a su personal e instalaciones; también el Departamento de Defensa se mostraba incapaz de sostener una operación militar prolongada sin contar con el apoyo de los contratistas.

En 2007, el embajador de Estados Unidos en Irak, Ryan Crocker, puso de manifiesto esta debilidad ante la clase política norteamericana. En una comparecencia en el Comité del Senado sobre Servicios Armados, admitió que los contratistas proporcionaban la mayor parte de la seguridad diplomática en Irak, mientras los funcionarios del Servicio Exterior se limitaban a supervisar esta labor. Y no solo eso, también sostuvo que no había alternativa a la contratación privada porque la Oficina de Seguridad Diplomática no disponía de suficiente personal especialista en la materia[73].

Henry Waxman, el congresista demócrata que elaboró el informe sobre la emboscada de Faluya, también presentó un demoledor dictamen sobre la actuación de Blackwater en Irak[74]. Waxman, como presidente del Comité de Supervisión y Reforma Gubernamental de la Cámara de Representantes, era el responsable de incorporar este tipo de información preliminar a las comparecencias. El informe y otras consideraciones se trataron en la audiencia que el comité celebró el 2 de octubre como consecuencia del tiroteo de Nisour. En ella, tanto Waxman como Prince tuvieron un papel destacado y presentaron dos imágenes radicalmente opuestas de la forma de proceder de Blackwater en Irak. En todo caso, los testimonios presentados sirvieron para dar una idea más o menos clara de la forma de actuar de la EMP[75].

La forma de actuar de Blackwater en Irak

El informe Waxman, que cita documentos internos de Blackwater USA y del Departamento de Estado, señala que los contratistas de la empresa en Irak hacían uso de la fuerza letal de forma frecuente y extensa. Según sus datos, desde principios de 2005 hasta el día del tiroteo de Nisour en septiembre de 2007, Blackwater participó en ciento noventa y cinco acciones de fuego, promediando 1,4 acciones por semana. De todas ellas, el 84 % de las veces, esto es, en ciento cincuenta y ocho ocasiones fueron los contratistas de la empresa quienes dispararon primero, iniciando una media de 1,17 tiroteos por semana.

Actuar anticipándose a los acontecimientos es algo muy recomendable en casi todos los ámbitos de la vida, pero debería ser absolutamente excepcional cuando implica abrir fuego contra individuos no uniformados, probablemente civiles. No cabe duda de la efectividad de emplear armamento letal antes de ser atacado y sin que ni siquiera exista una amenaza creíble e inminente, pero este no puede ser el procedimiento habitual en labores de protección, que es lo que hacía el personal de Blackwater en Irak. Proporcionar seguridad es una actividad muy diferente a participar en un combate donde la sorpresa y la iniciativa son factores críticos para el éxito de la misión y la supervivencia propia. La forma proactiva de proceder seguramente evitó atentados o ataques contra las personas protegidas por los contratistas y así lo recalcó Erik Prince en su declaración ante el Comité de la Cámara de Representantes: «Ningún individuo protegido por Blackwater ha resultado muerto o herido de gravedad»[76]. Sin embargo, según informó Waxman, la mayor parte de las veces los contratistas hicieron un uso preventivo de su armamento, causando numerosas bajas (muertos y heridos) entre los civiles iraquíes, además de daños a la propiedad[77].

Continuando con el informe, en algunos casos se pagó quince mil dólares a las familias de los damnificados para, en palabras del Departamento de Estado, «dejar atrás este desafortunado asunto rápidamente». También se supo que un guardia de Blackwater cuesta más de seis veces que un soldado equivalente. Incluso el propio secretario de Defensa, Robert Gates, se había quejado de ese hecho ante el Congreso una semana antes, afirmando que los altos salarios de Blackwater estaban atrayendo cada vez a más militares buenos, alejándolos de las fuerzas armadas estadounidenses[78].

Visto con la perspectiva que da el paso del tiempo, todo apunta a que Nisour fue el comienzo del fin de Blackwater tal como se desempeñaba hasta entonces, agresiva y eficaz, pero poco respetuosa con el derecho internacional humanitario. La empresa, que ya estaba en el punto de mira de la prensa desde las primeras acciones con la CIA en Afganistán y, más recientemente, por la emboscada de Faluya, se dio a conocer definitivamente al gran público y su reputación se vio seriamente dañada. La investigación del Comité de Supervisión y Reforma Gubernamental de la Cámara de Representantes y el dilatado proceso para juzgar los hechos de Nisour convirtieron a la compañía en el paradigma de las EMP que operan al margen del derecho y el control institucional. El desprestigio alcanzado fue de tal envergadura que solo ha sido superado posteriormente por el del Grupo Wagner en sus peores tiempos.

En esta situación, no es de extrañar que en 2009 Blackwater se reconvirtiera en Xe Services y que fuera comprada por un grupo inversor en diciembre de 2010 después de cambiar de nuevo su nombre por el de Academi, dejando a su fundador, Erik Prince, fuera del negocio.

TERCERA PARTE

EL DERECHO INTERNACIONAL

1
LAS EMPRESAS MILITARES PRIVADAS Y EL DERECHO INTERNACIONAL

Ni los tratados del derecho internacional humanitario (DIH) ni las normas de derechos humanos mencionan de forma explícita a los contratistas militares o las EMP. Por otra parte, la legislación internacional es muy precisa al tratar el caso de los mercenarios, pero sería un error equiparar de forma automática la figura del contratista con la del mercenario. Debe tenerse en cuenta que una cosa es que la prensa y algunos analistas y expertos se refieran al personal de las EMP como mercenarios y otra cosa muy distinta es que lo sean según el derecho internacional. Solo cuando se den determinadas circunstancias, los trabajadores de las EMP tendrán la consideración de mercenarios. Lo veremos más adelante.

Pues bien, a pesar de lo que pueda parecer por lo que acabamos de decir, la realidad es que no existe un vacío legal que afecte a las EMP. De hecho, hay normas internacionales, y en algún caso nacionales, que afectan a estas empresas y sus trabajadores, especialmente cuando su actividad se desarrolla en el ámbito de los conflictos armados.

El DIH, que es el derecho de la guerra, reúne los principios y normas que rigen los conflictos armados, sean cuales sean sus actores y sus circunstancias, lo que indiscutiblemente afecta a las EMP. Además, las normas internacionales son especialmente concretas en lo referente a los actores armados presentes en el campo de batalla, como es el caso de las EMP, y con independencia de si sus actividades son legítimas o no.

Por su parte, las normas de derechos humanos imponen a los Estados una serie de obligaciones básicas para proteger a los individuos de las infracciones cometidas por cualquier agente, incluidas las EMP. En consecuencia, tanto el DIH como las normas de derechos humanos son de plena aplicación para todos los implicados en los conflictos armados a cualquier nivel, ya sean personas, organizaciones, grupos o instituciones.

Por este motivo, aunque el derecho internacional no los menciona expresamente, los contratistas privados y las EMP están obligados por sus normas y principios, lo mismo que lo están los militares, los Ejércitos, los Estados y cualquier otro agente que opera en el campo de batalla. Dicho esto, en nuestro caso nos interesan especialmente los Estados, porque contratan a las EMP, las propias EMP porque operan en las zonas de conflicto proporcionando servicios militares, y los contratistas porque son quienes potencialmente ejecutan las acciones, legítimas o no, contra las personas y los bienes.

Las responsabilidades de los Estados

Por lo que respecta a los Estados que externalizan actividades militares en las de operaciones, en determinadas circunstancias pueden ser corresponsables de las acciones que realicen los empleados de las EMP contratadas. En particular, asumen su parte de responsabilidad si han concedido el carácter de agente de la autoridad a los contratistas privados o cuando estos actúan siguiendo instrucciones o bajo el control de las autoridades estatales. En estos casos, la responsabilidad atribuible al Estado es la misma que cuando los hechos han sido cometidos por militares u otros funcionarios públicos.

Los Estados tienen la obligación de respetar y hacer respetar la ley, por lo que se les exige adoptar las medidas pertinentes para evitar que los contratistas actúen en contra del DIH o violen los derechos humanos. Entre las medidas preventivas para anticiparse a posibles abusos o delitos está la de exigir a las EMP que investiguen a sus trabajadores antes de contratarlos y que les proporcionen la formación necesaria para actuar conforme a derecho. Y cuando la prevención fracase, los Estados deben enjuiciar los crímenes de guerra y las violaciones de los derechos humanos.

En definitiva, si el personal de una EMP comete violaciones del DIH, el Estado que haya contratado a esa empresa podrá ser responsabilizado por sus acciones en virtud del derecho internacional. Dicho de otro modo, no sirve de nada que los Estados contraten EMP para que hagan el trabajo sucio que no quieren asignar a los servidores públicos. Ni siquiera esa argucia sería válida para eludir las obligaciones impuestas por el DIH. Por lo tanto, Vladimir Putin estaba equivocado, o mentía, cuando el 11 de abril de 2012 dijo a la Duma rusa que «un grupo de empresas militares privadas sería un instrumento eficiente para alcanzar objetivos nacionales sin implicar directamente al Estado ruso». Pues no, las EMP no son un instrumento eficiente para eludir la responsabilidad del Estado.

Estas y otras cuestiones relacionadas con la responsabilidad estatal y de las EMP se detallan en el capítulo 2, dedicado al Documento de Montreux, y en el capítulo 3, dedicado al Código de Conducta Internacional para Proveedores de Servicios de Seguridad Privada. El Documento de Montreux se centra en las obligaciones de los Estados y el Código de Conducta en la forma en que deben actuar las EMP.

La consideración y responsabilidad de las EMP y los contratistas

Como cualquier otro actor armado presente en el campo de batalla, las empresas militares privadas se rigen por las normas internacionales, sean o no legítimas sus actividades. Esto significa que las llamadas zonas grises de actuación de las EMP quizás no lo sean tanto.

Por otra parte, es fundamental determinar en qué casos el personal de las EMP tienen la consideración de civil o combatiente, ya que el DIH protege a la población civil y sus bienes de los daños ocasionados por las operaciones militares. Por otro lado, los combatientes son los únicos que tienen derecho a participar directamente en las hostilidades y a ser tratados como prisioneros de guerra si son capturados por el enemigo.

Vista la importancia de distinguir entre civil y combatiente, como norma general, los contratistas de las EMP tienen la consideración de civiles y como tal se les debe tratar. Esta regla tiene dos excepciones: los contratistas que se han incorporado a las fuerzas armadas y los que realizan funciones de combate para un grupo armado que participa en un conflicto. Dicho de otro modo, los trabajadores de las EMP no son combatientes ni objetivos militares, salvo cuando participan directamente en las hostilidades y solo mientras dura esa participación.

Esto significa que gozan de protección jurídica contra los ataques armados, pero también implica que no deberían tomar parte en las hostilidades, en cuyo caso podrían incurrir en delito si así lo tipifica la legislación nacional. A este respecto, debemos recordar que los civiles no tienen el llamado privilegio del combatiente, es decir, el derecho a participar activamente en las hostilidades dentro de un conflicto armado internacional; este es un privilegio, por así decirlo, que está reservado a los miembros de los Ejércitos o grupos armados de las partes en conflicto[79]. Este criterio es de aplicación a cualquier persona civil involucrada en una guerra, con independencia de que sea contratista o no.

Como vemos, la clave para definir el estatus del personal de las EMP reside en determinar si sus acciones equivalen a participar de forma directa en las hostilidades. Desde el punto de vista del derecho internacional, las hostilidades solo existen en el marco de un conflicto armado, por lo que la implicación directa no puede incluir conductas violentas que tengan lugar fuera de dicho ámbito. En consecuencia, no son hostilidades los motines, altercados y otros actos esporádicos y aislados de violencia, aunque sea armada, que surgen como fruto de las tensiones o disturbios internos en un país[80].

Una vez que hemos acotado el ámbito de las hostilidades dentro de los conflictos armados, se plantea el problema de su interpretación, ya que ni el DIH ni la jurisprudencia internacional definen claramente este concepto, lo que obliga a asignarle un significado basado en el sentido común. Por ejemplo, está generalmente aceptado que algunas funciones típicas de las EMP pertenecen a la categoría de las hostilidades, como son la protección contra ataques enemigos a instalaciones y bases militares, la obtención de información para la elaboración de inteligencia militar operativa y el manejo de sistemas de armas en operaciones de combate. Pero también hay otras actividades que las EMP realizan habitualmente en zonas de conflicto armado y que no son de combate, sino de apoyo, como el mantenimiento de equipos, los servicios logísticos, la seguridad de las misiones diplomáticas y otros recintos civiles, la gestión de comedores, etc. Las personas que desempeñan estas y otras funciones de apoyo se consideran civiles, aunque vayan armadas y actúen en el marco de un conflicto armado.

Veamos un ejemplo que ya conocemos. El tiroteo protagonizado por Blackwater en 2007 en la plaza Nisour de Bagdad ocurrió en el ámbito de un conflicto armado, por mucho que el presidente Bush hubiera dado por finalizada la guerra cuatro años antes. Sin embargo, los escoltas realizaban una función típica de apoyo que consistía en proporcionar seguridad a un convoy de funcionarios civiles que se desplazaban por la ciudad. Por lo tanto, los contratistas que dispararon eran civiles y no combatientes, aunque hicieran uso de sus armas en un país en guerra y apoyaran a una de las partes en conflicto. Es más, no habrían perdido esa condición aun en el caso de que hubieran ejercido su derecho a la legítima defensa, es decir, si su acción hubiera sido la respuesta a un ataque armado de un grupo de insurgentes.

Por otra parte, hay ocasiones en las que el sentido común no es suficiente para determinar con absoluta certeza el carácter civil o militar de una actividad. Muchas EMP dan protección a personas e instalaciones militares, ya sea contra ataques armados enemigos o contra acciones violentas que nada tienen que ver con las hostilidades, como son los desórdenes públicos o la comisión de delitos. La función es la misma, pero en el primer caso se trata de una acción militar, mientras que en el segundo hay margen para la duda, ya que podría considerarse una actividad policial y, por lo tanto, civil[81].

A efectos del derecho internacional, cuando un civil realiza servicios de naturaleza militar se entiende que ha sido incorporado a las fuerzas armadas. Aunque no se haya seguido el procedimiento establecido por la normativa nacional, *de facto* pierde su condición de civil, convirtiéndose en un potencial objetivo militar legítimo[82]. Dicho de otra manera, pierde su protección jurídica contra los ataques y, si es capturado, puede ser juzgado por su participación en las hostilidades en las mismas condiciones que cualquier otro combatiente y aunque no haya cometido violaciones del DIH[83]. A este respecto, debemos recordar que las guerras están prohibidas por la Carta de las Naciones Unidas y que solo pueden justificarse cuando concurren determinadas condiciones, siempre excepcionales. Esta prohibición es taxativa y no está condicionada por el hecho de que los combatientes respeten, o no, los principios y normas del DIH.

Veamos otro ejemplo bien conocido. En otoño de 2022 unidades del Grupo Wagner se desplegaron en primera línea del frente oriental de Ucrania formando parte del dispositivo del ejército ruso. De acuerdo con la inteligencia militar del Reino Unido, los Wagner, en su mayoría provenientes de las cárceles rusas, sumaban unos cincuenta mil efectivos a finales de año y ejercieron un papel determinante en los combates. En este caso, los contratistas no tienen la consideración de civiles que combaten. Lo quieran o no, a efectos del derecho internacional se incorporaron a las fuerzas armadas de la Federación Rusa desde el momento en que realizaron servicios de naturaleza indudablemente militar para una de las partes en conflicto. Es irrelevante que no se hubiera consumado el procedimiento formal de ingreso en el Ejército ruso según la normativa nacional. Por lo tanto, se convirtieron en objetivos militares legítimos de las fuerzas ucranianas aun antes de que lo fueran por la simple aplicación del principio de legítima defensa, es decir, como respuesta a los ataques previos de los Wagner.

Por otra parte, debe tenerse en cuenta que los contratistas pueden estar expuestos a sufrir accidentalmente las consecuencias de ataques que no van dirigidos expresamente contra ellos. Aunque no participen directamente en las hostilidades, la naturaleza de sus actividades y su proximidad a los objetivos militares les hacen especialmente vulnerables. Pensemos en los cocineros de una base militar en un país en guerra; sin perder su condición de civiles, se encuentran trabajando en el interior de un recinto militar susceptible de ser atacado legítimamente.

La comunidad internacional

Por lo visto hasta ahora, podemos afirmar que no existe un vacío legal que consienta la actuación impune de las EMP, los contratistas militares privados o los Estados contratantes. Por lo tanto, ni hay zonas grises que permitan actividades contrarias a la ley, ni se puede eludir la responsabilidad de las acciones por el hecho de que no se disponga de una reglamentación específica para la externalización de los servicios militares. Sin embargo, se echa en falta la existencia de una normativa internacional vinculante que regule de forma clara y detallada las actividades de las EMP en zonas de guerra.

Los dos primeros instrumentos internacionales de entidad que abordaron de manera específica el marco de actuación de las EMSP tienen una característica en común: no son jurídicamente vinculantes. Quizá por eso se adelantaron a cualquier otro intento de acordar un marco normativo internacional para la regulación de estas compañías. Al fin y al cabo, siempre es más fácil llegar a acuerdos que, en el fondo, no comprometen. Estos dos instrumentos son el Documento de Montreux, de 2008, y el Código Internacional de Conducta para Proveedores de Servicios de Seguridad Privada, de 2010. A pesar de no ser vinculantes, la importancia de ambos es suficiente como para dedicar a cada uno un capítulo específico, por lo que de momento no ahondaremos más en ellos y dirigiremos nuestra atención hacia las principales organizaciones internacionales.

Las Naciones Unidas

La ONU es el principal referente de la comunidad internacional y, como tal, se espera que asuma su responsabilidad en las materias que atañen a la dignidad humana, la seguridad y la paz globales, incluyendo el espinoso tema de los servicios militares privados. A este respecto, en 1987 la Comisión de Derechos Humanos de la ONU creó la figura de un relator especial que informara de las actuaciones de los mercenarios en contra de los derechos humanos y la libre determinación de los pueblos. Hubo que esperar a 2004 para que el relator recibiera el encargo adicional de prestar atención a las actividades de las EMSP, entendiendo que podían ser una nueva versión de los clásicos mercenarios[84]. En 2005, el relator especial fue sustituido por un grupo de trabajo (GT) y al año siguiente la comisión fue reemplazada por el Consejo de Derechos Humanos (CDH).

En 2010 el CDH creó un segundo grupo de trabajo con la intención de elaborar un instrumento jurídicamente vinculante para la regulación de las EMSP[85]. El flamante GT presentó su primer informe en diciembre de 2012 y, entre sus recomendaciones, destacaba la conveniencia de distinguir entre empresas de seguridad privadas, empresas militares privadas y mercenarios, cuestión que no se había planteado hasta entonces a pesar de su trascendencia[86].

Como era de esperar, en los informes del grupo de trabajo quedó de manifiesto las insalvables diferencias sobre la naturaleza, vinculante o no, que debía tener el futuro marco normativo internacional. En consecuencia, en 2017, el CDH creó un tercer grupo de trabajo para redactar una norma que, sin prejuzgar su naturaleza, obligatoria o no, sirviera para regular de una vez la actividad de las EMSP[87].

Es fácil imaginar las enormes trabas a las que se enfrenta la ONU para alcanzar un compromiso de la comunidad internacional. Baste decir que en el borrador cero de la futura normativa, presentado en 2022, se admitía la imposibilidad de lograr siquiera un acuerdo sobre una definición de servicios militares y de seguridad privados[88]. Así las cosas, hasta el momento la ONU ha demostrado ser más eficaz creando relatores y grupos de trabajo que acercando posturas para poner orden en la actuación de las EMSP.

A pesar de todo, desde 2012 la ONU cuenta con unas pautas internas que rigen el empleo de las ESP en las misiones de las Naciones Unidas: las directrices para el uso de servicios armados de seguridad proporcionados por empresas de seguridad privadas[89]. Las directrices establecen que el Gobierno anfitrión (donde se desarrollan las misiones) es el principal responsable de la seguridad del personal, instalaciones y bienes de las Naciones Unidas. Si fallara la protección del Gobierno anfitrión, ya sea por falta de capacidad o de voluntad, entonces otro Estado se ocuparía de la seguridad armada o se podrían emplear recursos internos del sistema de seguridad de las Naciones Unidas como, por ejemplo, oficiales de seguridad reclutados expresamente para la misión. Entre otros, este fue el caso de ONUVEH, un grupo de ciento cincuenta y cuatro observadores civiles de la ONU encargados de la verificación de las elecciones en Haití celebradas en diciembre de 1990 en medio de un ambiente muy tenso. Ante la desconfianza en la seguridad que podía proporcionar el Gobierno haitiano, la ONU decidió proteger a sus observadores con sesenta y cinco militares desarmados, los llamados UNSO (United Nations Security Officer).

Solo como último recurso, cuando el nivel de amenaza y las necesidades de la misión lo aconsejen, la ONU podría plantearse el contrato de servicios privados de seguridad. Como se aprecia, esto es una excepción y la menos preferida de sus opciones para garantizar la seguridad de las misiones. Aun así, solo la contempla para la protección de personal, bienes e instalaciones, es decir, considera la remota posibilidad de contratar servicios de seguridad, pero jamás la de solicitar servicios militares privados.

La Unión Europea

En la ONU están representados casi todos los países del mundo, cada uno con su propia cultura y visión política, lo que sumado a la disparidad de intereses dificulta enormemente aunar compromisos internacionales en una materia tan delicada como el empleo de las EMSP en situaciones de emergencia complejas. Sin embargo, la ONU sí ha sido capaz de establecer unas pautas para la contratación de EMSP en sus propias misiones internacionales. Veamos si la Unión Europea (UE), que es un foro de intereses y principios más reducido y homogéneo, ha podido alcanzar acuerdos sólidos en la materia.

Empezando por el final, la UE no dispone de un marco normativo propio para las EMSP, aunque esto no significa que no se haya hecho nada al respecto, todo lo contrario. La Unión Europea fue la primera organización internacional que se adhirió al Documento de Montreux y es miembro del grupo de trabajo sobre la Asociación del Código Internacional de Conducta para Proveedores de Servicios de Seguridad Privada. Además, contribuye a los trabajos del Comité de Derechos Humanos de la ONU.

Por otra parte, en enero de 2008 puso en marcha Priv-War, un proyecto colaborativo de investigación coordinado por el Instituto Universitario Europeo a través de la Academia de Derecho Europeo. Priv-War, nombre que hace referencia a la privatización de la guerra, examinó el marco normativo de las EMSP a nivel nacional, europeo e internacional, y en marzo de 2011 formuló sus recomendaciones a la UE con el fin de garantizar un mejor cumplimiento del DIH y los derechos humanos[90]. Una vez finalizados los trabajos para los que se creó, el proyecto se canceló en agosto de 2011.

Casi coincidiendo con las recomendaciones de Priv-War, se publicó el estudio titulado: «El papel de las empresas privadas de seguridad (ESP) en misiones y operaciones PCSD» (política común de seguridad y defensa de la UE)[91]. El estudio fue elaborado por la Dirección General de Políticas Exteriores de la Unión a petición del Subcomité de Seguridad y Defensa del Parlamento Europeo.

Las recomendaciones de Priv-War y el estudio del subcomité fueron dos de los documentos que en 2017 utilizó el Parlamento Europeo para redactar una resolución sobre empresas de seguridad privadas (nombre usado por la UE). En dicha resolución se recomendaba a la Comisión Europea la realización de un Libro Verde que estableciera unas normas básicas de intervención y buenas prácticas[92].

El proceso europeo de elaboración normativa marchaba con bastante retraso, ya que ni siquiera se había alcanzado un acuerdo para la definición de las ESP y los servicios de seguridad y militares, paso previo a la regulación efectiva de sus actividades; no se puede regular una actividad sin haber determinado en qué consiste. Esto ocurría siete años después de que viera la luz el primer proyecto de convenio internacional sobre las EMSP propuesto por el GT sobre mercenarios y en el mismo año que se creó el GT para elaborar un nuevo convenio sin prejuzgar su naturaleza, ambos de la ONU. Desde entonces, los avances en el seno de la UE han sido poco productivos.

No obstante, y a pesar de sus limitaciones, la resolución del Parlamento Europeo aporta los principales puntos de vista de la Unión Europea sobre el empleo de las EMSP, algunos de ellos muy aclaratorios del rol que Europa atribuye a estas empresas. Por su interés, destacamos los siguientes:

- Las EMSP desempeñan un importante papel complementario de las agencias militares y civiles estatales. Sin embargo, los Estados miembros deben intentar que sus fuerzas armadas y policiales puedan solventar con sus propios medios las actuales carencias operativas (punto 1).
- Ahondando en lo anterior, para la UE es prioritario reforzar las Fuerzas armadas nacionales, por lo que las EMSP solo deberían emplearse como un complemento (punto 4).
- Las EMSP pueden aportar valiosos conocimientos locales y, con frecuencia, ahorros de costes (punto 3).
- No deben contratarse EMSP para ninguna actividad que implique el uso de la fuerza o la participación activa en hostilidades, excepto en el caso de legítima defensa (punto 4 y considerando J).
- No se debe permitir que las EMSP participen en interrogatorios (punto 4).
- En las zonas de conflicto solo podrán externalizarse operaciones y actividades de apoyo logístico y protección de instalaciones (considerando J).

- El principio de rentabilidad a corto plazo no debe ser el principal criterio para abordar las cuestiones relativas a la seguridad (punto 5).
- Las EMSP no pueden sustituir al personal de las fuerzas armadas nacionales (considerando J).

Por lo tanto, la UE no oculta las ventajas de las EMSP, sobre todo para solventar las carencias en la capacidad operativa de las agencias estatales y Ejércitos nacionales, pero considera que su papel debe ser complementario y que, en materia de seguridad y defensa, lo prioritario es reforzar las fuerzas armadas. Además, el Parlamento Europeo no considera la posibilidad de subcontratar a particulares los servicios que requieran el uso de las armas en zonas de conflicto armado.

Este criterio, de marcado tono europeo y que confiere a las EMSP un carácter preferentemente complementario, difiere de las prácticas habituales implantadas por Estados Unidos y Rusia en sus intervenciones militares de los últimos años. Para entenderlo, solo hace falta echar un vistazo a las actuaciones de Blackwater y Wagner.

2
El documento de Montreux

El Documento de Montreux es la primera declaración intergubernamental que expone las obligaciones de los Estados en relación con las empresas militares privadas en tiempos de guerra[93]. El título oficial no deja lugar a dudas sobre el alcance de este documento: «Sobre las obligaciones jurídicas internacionales pertinentes y las buenas prácticas de los Estados en lo que respecta a las operaciones de las empresas militares y de seguridad privadas durante los conflictos armados».

El Documento de Montreux es el resultado de una iniciativa lanzada en enero de 2006 por Suiza y el Comité Internacional de la Cruz Roja (CICR) con la finalidad de promover el derecho internacional humanitario y las normas de derechos humanos cuando las EMSP participan en los conflictos armados. Tras dos años y medio de trabajo, diecisiete Estados adoptaron el documento final en la cuarta y última reunión celebrada en Montreux del 15 al 17 de septiembre de 2008. Años más tarde, en diciembre de 2014, se creó el Foro del Documento de Montreux para el intercambio de consultas informales entre los participantes con el doble objetivo de ayudar a las naciones a implementar el documento y alentar a otros países y organizaciones internacionales a apoyarlo.

Como se observa en la tabla de la página siguiente, cincuenta y ocho Estados y tres organizaciones internacionales secundan actualmente el documento[94]. Aunque el número de países que han manifestado su apoyo ha ido en aumento de forma regular, todavía son mayoría los que no lo han respaldado. Sorprende —por decirlo de algún modo— que haya Estados miembros de las organizaciones que se muestran de acuerdo el documento que no han manifestado su compromiso de forma explícita. Esto puede ser hasta cierto punto comprensible en el caso de la OSCE, una organización en la que participan cincuenta y siete países de América del Norte, Europa y Asia, muchas de ellas con tipologías realmente dispares. Sin embargo, la falta de compromiso no se entiende tanto en algunos Estados de la OTAN y la UE, organizaciones caracterizadas por la férrea defensa del buen gobierno, la democracia y la seguridad internacional. Así, tenemos los casos más o menos llamativos de Letonia, Rumanía y Turquía que, por los motivos que sean, no han comunicado explícitamente su apoyo. En todo caso, es de destacar que la región del mundo más comprometida con el documento, muy por encima del resto, es Europa. Asimismo, conviene aclarar que las ONG y las empresas militares y de seguridad privadas no están invitadas a sumarse formalmente al Documento de Montreux, ya que está dirigido a los Estados y organizaciones internacionales. Dicho esto, las buenas prácticas que figuran en él son muy recomendables para todas las partes involucradas.

Aunque el Documento de Montreux no es legalmente vinculante, se le debe reconocer un valor muy significativo. En primer lugar, porque es una declaración donde se manifiesta que el empleo de las empresas militares privadas en la guerra está sujeto al derecho internacional y que, por lo tanto, no existe un vacío legal en este aspecto. En segundo lugar, porque contribuye a promover el cumplimiento del derecho interna-

DOCUMENTO DE MONTREUX APOYO DE ESTADOS Y ORGANIZACIONES				
INICIALES 2008	POSTERIORES Por orden cronológico de notificación			
Afganistán	Macedonia Norte	2009	Bélgica	2012
Alemania	Ecuador	2009	Noruega	2012
Angola	Albania	2009	Lituania	2012
Australia	Países Bajos	2009	Eslovenia	2012
Austria	Bosnia Herzegovina	2009	Islandia	2012
Canadá	Grecia	2009	Bulgaria	2013
China	Portugal	2009	Kuwait	2013
EE.UU.	Chile	2009	Croacia	2013
Francia	Uruguay	2009	Nueva Zelanda	2013
Irak	Liechtenstein	2009	Chequia	2013
Polonia	Qatar	2009	Luxemburgo	2013
Reino Unido	Jordania	2009	Japón	2014
Sierra Leona	España	2009	Irlanda	2014
Sudáfrica	Italia	2009	Mónaco	2015
Suecia	Uganda	2009	Madagascar	2015
Suiza	Chipre	2009	Estonia	2016
Ucrania	Georgia	2009	Montenegro	2018
	Dinamarca	2010	Panamá	2019
	Hungría	2011	Malta	2020
	Costa Rica	2011	Eslovaquia	2021
	Finlandia	2011		
ORGANIZACIONES INTERNACIONALES				
Unión Europea – UE				2012
Organización del Tratado del Atlántico Norte – OTAN				2013
Organización para la Seguridad y Cooperación en Europa – OSCE				2013

cional humanitario y los derechos humanos, que sí son vinculantes para todos. Por último, y quizás sea esto lo más importante, porque es una referencia de las obligaciones de los todos los Estados que, de una u otra forma, se ven afectados por la presencia de las EMSP. A este respecto, en el prólogo del documento se explica con claridad cuál fue la intención de sus promotores:

> El Documento de Montreux... En modo alguno tiene la última palabra sobre todas las cuestiones, reglamentarias o no, relacionadas con las EMSP: su intención nunca ha sido esa. No trata de establecer un nuevo reglamento, sino de orientar sobre una serie de asuntos jurídicos y prácticos espinosos basándose en el derecho internacional vigente. Para ello, se abstiene de tomar partido sobre la cuestión de la legitimidad y conveniencia de recurrir a las EMSP en los conflictos armados, un tema de debate sin duda importante y necesario.

El documento se divide en dos partes. La primera aborda las obligaciones jurídicas internacionales en relación con las EMSP y la segunda se dedica a las buenas prácticas de los Estados en su relación con estas empresas. Las obligaciones, como su nombre indica, conllevan una responsabilidad de cumplimiento obligatorio, mientras que las buenas prácticas están diseñadas para servir de ayuda y orientación a los Estados. Veamos los elementos más destacables de ambas.

Las obligaciones de los Estados en relación con las EMSP

Las obligaciones jurídicas internacionales relacionadas con el empleo de EMSP en los conflictos armados incumben a los Estados, a las propias empresas y a su personal (contratistas o agentes privados). Por la parte estatal, el documento diferencia entre Estados contratantes, territoriales, de origen y el resto. Recordemos que, como resulta evidente, los Estados contratantes son los que contratan a las empresas, los territoriales son aquellos en cuyo territorio estas operan y los de origen son donde tienen su sede las empresas. Además, como ya vimos, no es raro que un Estado contratante sea también la potencia ocupante de un determinado territorio y que, en consecuencia, el Estado territorial sea un país ocupado y no mantenga el control efectivo de la población en todo su territorio.

Las obligaciones jurídicas que describe el Documento de Montreux están redactadas de forma muy detallada y bien diferenciada para cada categoría de Estado, lo que lo convierte en un texto que, sin ser excesivamente extenso, resulta bastante repetitivo. Esto es muy conveniente en términos jurídicos, pero, como no es nuestro caso, intentaremos sintetizarlo a sabiendas de que perderemos precisión jurídica.

El documento afirma que todos los Estados, sea cual sea su condición, están sujetos al derecho internacional y tienen la obligación de ejecutar las acciones necesarias para evitar y perseguir las violaciones del derecho internacional humanitario y de las normas de derechos humanos. Esta es una declaración tan solemne como elemental, pero de suma importancia porque no solo afecta a la actuación de las fuerzas armadas en los teatros de operaciones, sino también a los dirigentes políticos, funcionarios y empresas militares privadas.

Respecto a estas empresas, las responsabilidades de los Estados contratantes abarcan un amplio campo que va desde el deber de supervisar la selección y formación de los agentes privados*, hasta la adopción de medidas preventivas y ejecutivas para evitar o detener las violaciones del derecho internacional y de los derechos humanos. Los Estados también están obligados a de-

* El Documento de Montreux opta por denominar «agente privado» al personal de las EMSP en vez de «contratista privado» o «contratista militar privado».

sarrollar y utilizar instrumentos jurídicos que contemplen la extradición o entrega de sospechosos y que incluya la legislación y recursos apropiados para investigar, perseguir, detener, enjuiciar, sancionar y condenar a los responsables de estos delitos. Y no solo esto; los Estados contratantes asumen la responsabilidad de las violaciones cometidas por las EMSP y están obligados a conceder las reparaciones pertinentes en los siguientes casos:

- Cuando han incorporado a la EMSP en las fuerzas armadas.
- Cuando los agentes privados de la EMSP están armados y operan bajo un mando, funcionario o no, que es responsable ante el Estado.
- Cuando los agentes privados están habilitados como autoridad pública (agente de la autoridad).
- Cuando el Estado ejerce el control efectivo de los agentes privados o su conducta es consecuencia de las instrucciones del Estado.

Todo lo anterior incumbe a los Estados contratantes, que son los que disponen de EMSP trabajando para ellos, como es el caso de la Federación Rusa con el Grupo Wagner o Estados Unidos con Blackwater/Academi. Las obligaciones de los Estados territoriales son las mismas en todo lo que se refiere a la parte jurídica y de implantación de medidas preventivas y ejecutivas, pero siempre dentro de sus capacidades. En situaciones de ocupación, por ejemplo, las obligaciones de los Estados territoriales se circunscriben a las zonas en las que pueden ejercer un control efectivo. Por otra parte, como es lógico, no se les puede asignar obligaciones sobre empresas que no han contratado y están fuera de su órbita de mando y control. Pensemos en la Ucrania invadida por Rusia; sería absurdo pretender responsabilizar al Gobierno ucraniano de las acciones cometidas por el Grupo Wagner en el territorio ocupado por las fuerzas rusas.

Los Estados de origen, por su parte, están obligados a hacer todo lo posible para que las EMSP de su nacionalidad respeten el derecho internacional humanitario. Es decir, tienen obligaciones similares a las de los Estados territoriales, pero excluidas, naturalmente, las relacionadas con el control territorial. En particular, estos Estados pueden desempeñar un importante papel en la búsqueda y puesta a disposición judicial de los sospechosos de infracciones graves, cualquiera que sea su nacionalidad. Por último, las obligaciones de todos los demás Estados no difieren gran cosa de lo dicho para los Estados de origen, especialmente en lo que respecta a la persecución de violadores del derecho internacional humanitario y los derechos humanos.

Las obligaciones de las EMSP y de su personal

Por muy sorprendente que nos pueda parecer, las EMSP no están vinculadas ni por el derecho internacional humanitario ni por las normas de derechos humanos. El DIH solo vincula a las personas y las partes en conflicto (normalmente, los Estados) y las normas de DDHH atañen solo a los Estados. Por lo tanto, no son de aplicación directa a las empresas.

Sin embargo, todas las empresas, incluidas las EMSP, están obligadas por las legislaciones nacionales. A este respecto, el Documento de Montreux explica que, en la medida en que estas dos ramas del derecho internacional estén integradas en la legislación nacional y sean aplicables a las empresas, a las EMSP se les exige respetarlas. Lo mismo ocurre, naturalmente, con el resto de la legislación nacional, en particular las leyes penales, fiscales, laborales, de inmigración y las relativas a los servicios militares o de seguridad privados.

Recordemos que, según el derecho internacional humanitario, los contratistas militares tienen, en general, consideración de civiles y no deben ser objeto de ataques, porque, aunque lleven armas, no son combatientes y, por lo tanto, no son un objetivo militar lícito. En cambio, pierden la consideración de no combatiente cuando se da una de estas tres circunstancias: que participen directamente en las hostilidades, que se hayan incorporado a las fuerzas armadas regulares de un Estado o que sean miembros de grupos armados organizados bajo un mando que responde ante un Estado.

Si caen en poder del enemigo mientras acompañan a fuerzas militares, tienen derecho al estatuto de prisioneros de guerra en los conflictos armados internacionales, siempre que hayan recibido permiso de las fuerzas armadas para acompañarlas y no formen parte integrante de estas[95]. Es un caso similar al de los corresponsales de guerra o los miembros civiles de tripulaciones de aviones militares.

Los superiores jerárquicos de las EMSP también podrán ser considerados responsables de los delitos contra el derecho internacional cometidos por el personal que esté bajo su mando, en caso de que no hayan ejercido el control necesario. Estos superiores pueden ser funcionarios públicos militares o civiles, o los directores y gestores las propias empresas militares privadas.

Las buenas prácticas para la regulación de las EMSP

El Documento de Montreux presenta una relación casi exhaustiva de buenas prácticas que, de nuevo, diferencian entre los tipos de Estado. El listado es, por tanto, detallado y abarca áreas como la determinación de los servicios contratables, los procedimientos y criterios para la selección y contratación de empresas, la autorización para la prestación de servicios, la supervisión de las actuaciones y la rendición de cuentas.

3
El Código de Conducta Internacional para Proveedores de Servicios de Seguridad Privada (ICoC)

El Código de Conducta Internacional para Proveedores de Servicios de Seguridad Privada (ICoC, por sus siglas en inglés) es una iniciativa del Gobierno de Suiza que involucra a Estados, organizaciones de la sociedad civil y EMSP. Así como el Documento de Montreux reafirma las obligaciones de los Estados, el ICoC está pensado para las empresas del sector. Es un complemento de las legislaciones nacionales que, por lo tanto, no reemplaza el control de las autoridades competentes y no altera el derecho nacional o internacional.

En concreto, el código estipula las responsabilidades de las empresas militares y de seguridad para garantizar la prestación responsable de sus servicios cuando operan en «entornos complejos». Se entiende que un entorno es complejo cuando en él se experimentan disturbios o inestabilidad como consecuencia de desastres naturales o conflictos armados, en situaciones donde no se garantiza el imperio de la ley y en las que la autoridad estatal no puede hacer frente a la situación[96]. Por lo tanto, el ICoC es muy apropiado para las EMP que actúan en zonas inestables y conflictivas.

APOYO INSTITUCIONAL, EMPRESARIAL Y DE LA SOCIEDAD CIVIL

Una particularidad de este código es que tiene buena aceptación y cuenta con numerosos apoyos a nivel supranacional, empresarial y de la sociedad civil. Otra característica que le aporta operatividad es la existencia de una asociación, la ICoCA, con sede en Ginebra, que actúa como mecanismo de gobernanza, supervisión y actualización del código.

La asociación cuenta con tres categorías de miembros —Gobiernos, empresas y sociedad civil—, a los que se añaden los observadores. Además, las empresas se dividen en tres subcategorías: miembros certificados, en transición y afiliados. Los miembros afiliados son EMSP comprometidas a actuar de acuerdo con los principios, reglas y obligaciones del código, basados en los derechos humanos y el derecho internacional humanitario. Los miembros certificados deben cumplir ciertas exigencias adicionales definidas por la junta directiva. Finalmente, los miembros en transición son empresas pendientes de ser certificadas. En el momento de escribir estas líneas, la asociación tenía doscientos veintinueve miembros, distribuidos de la siguiente forma[97]:

- Siete países: Australia, Canadá, Estados Unidos de América, Noruega, Reino Unido, Suecia y Suiza.
- Ciento ocho empresas militares y de seguridad privadas.
- Cuarenta y nueve organizaciones de la sociedad civil.
- Sesenta y cinco observadores entre organizaciones civiles, centros de formación, empresas, individuos, etc.

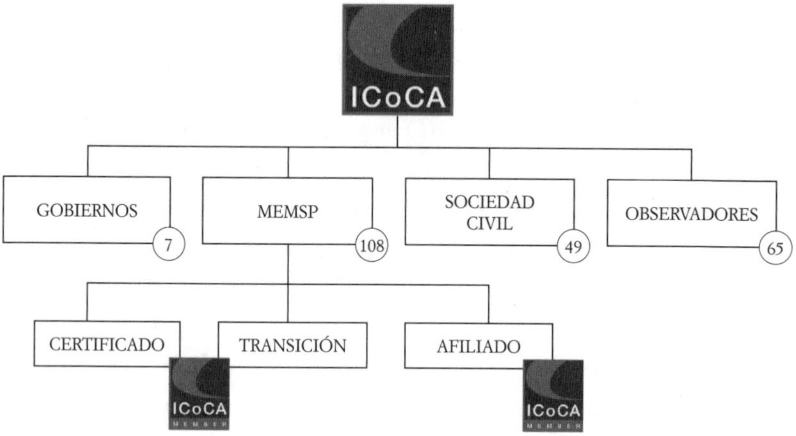

Aunque el Código de Conducta no es un mecanismo estatal, llama la atención la escasa participación de los países, solo siete, y la ausencia de importantes miembros europeos a nivel gubernamental, empresarial y de la sociedad civil. Así, entre los países de Europa del Este solo hay dos empresas miembros en Ucrania y una en Albania. Algo muy parecido sucede en la mayoría de los países de la Unión Europea, donde la presencia es escasísima, sobre todo si se compara con países como Suiza, Reino Unido, Estados Unidos o incluso Nigeria. En la tabla de abajo se presentan algunos ejemplos.

Pues bien, a pesar de la muy escasa participación de naciones con peso internacional, también hay ejemplos que muestran el apoyo y la confianza depositada en el Código de Conducta, como son los casos de las Naciones Unidas, Suiza y Estados Unidos. Naciones Unidas exige la afiliación al ICoC como requerimiento obligatorio para la contratación de empresas de seguridad armada por parte de las agencias de la ONU[98]. Por su parte, el país helvético requiere la misma afiliación como condición previa para que una ESP que ofrece servicios en el extranjero pueda operar en Suiza y, además, solo las empresas del ICoC pueden ser contratadas por las instituciones del país[99]. En cuanto al Departamento de Estado de

MIEMBROS Y OBSERVADORES DE ICoCA Lista no exhaustiva (12 de agosto de 2022)					
PAÍS	GOBIERNO	EMSP	SOCIEDAD CIVIL	OBSERVADOR	TOTAL
BÉLGICA	**No**	0	0	0	0
GRECIA	**No**	0	0	0	0
JAPÓN	**No**	0	0	0	0
PAÍSES BAJOS	**No**	0	0	0	0
RUSIA	**No**	0	0	0	0
DINAMARCA	**No**	0	0	1	1
ESPAÑA	**No**	0	0	1	1
ITALIA	**No**	1	0	0	1
POLONIA	**No**	0	0	1	1
PORTUGAL	**No**	0	0	1	1
ALEMANIA	**No**	2	0	0	2
AUSTRALIA	**Sí**	1	0	0	2
CHINA	**No**	2	2	2	6
FRANCIA	**No**	3	1	2	6
SUIZA	**Sí**	2	0	8	11
REINO UNIDO	**Sí**	6	1	5	13
NIGERIA	**No**	8	9	0	17
EE.UU.	**Sí**	8	8	8	25

Estados Unidos, también exige la membresía en la ICoCA como uno de los requisitos mínimos para que las EMSP accedan al proceso de licitación de su programa de Servicios de Protección Mundial (WPS)[100].

Es muy positivo que los mayores contratantes mundiales de servicios militares y de seguridad, en particular la ONU y Estados Unidos, solo trabajen con empresas de la ICoCA. De esta manera fuerzan a las grandes compañías del sector, como Aegis o Triple Canopy, a comprometerse con el respeto a los derechos humanos y al derecho internacional de los conflictos armados. Es mucho dinero el que está en juego. Por desgracia, aunque no por sorpresa, Rusia y el Grupo Wagner ni son miembros de la asociación ni se les espera.

Por último, es destacable el apoyo que significa que organizaciones con el prestigio de Human Rights Watch (HRW), The Fund for Peace (FFP) y el Center for Civilians in Conflict (CIVIC), entre otras muchas, sean miembros u observadores de la Asociación del Código de Conducta.

Compromisos y principios del Código de Conducta Internacional

Básicamente, las empresas del ICoC se adhieren a los principios establecidos en el Documento de Montreux y se comprometen a la prestación responsable de servicios de seguridad a fin de fomentar el Estado de derecho, respetar los derechos de todas las personas y proteger los intereses de sus clientes. También reconocen la importancia de respetar las culturas e individuos en el desarrollo de sus actividades[101].

El código desarrolla estos compromisos en acciones concretas relacionadas con el cumplimiento de la ley, el control interno, la implantación de medidas correctivas y la cooperación con las autoridades que lleven a cabo investigaciones legales[102]. Sobre esta base, el código establece una serie de pautas que deben regir la conducta del personal y gestión empresarial. Como es lógico, se especifica que ninguna actuación de las EMSP será contraria a las sanciones del Consejo de Seguridad de las Naciones Unidas, a las normas de los derechos humanos y al derecho internacional humanitario[103].

Por otra parte, el principio fundamental que debe regir la conducta del personal de las EMSP es el respeto a la dignidad humana. En esta línea, el código establece que solo se podrá recurrir al uso de la fuerza cuando sea estrictamente necesario y, en tal caso, se hará de forma proporcional a la amenaza y a la situación concreta. Esto incluye, lógicamente, la legítima defensa propia y de terceras personas ante una amenaza inminente de muerte o de lesiones graves o para impedir un delito que suponga un peligro para la vida humana. El personal de las EMSP solo podrá escoltar, trasladar o interrogar a detenidos cuando la empresa haya sido contratada para ello y el personal esté debidamente formado y capacitado. Por supuesto, el código prohíbe actuaciones tan deleznables como la tortura, la explotación sexual, la violencia de género, la trata de personas, la esclavitud, los trabajos forzados, el maltrato infantil y cualquier tipo de discriminación[104].

Los compromisos de gestión empresarial contienen disposiciones para la selección, contratación, formación y entrenamiento del personal, la gestión de armas y material de guerra y sobre reclamaciones, denuncias e informes. Algunas de estas pautas relacionadas con el personal son, por ejemplo, no contratar a menores de dieciocho años, ni a personas sin la aptitud física y mental adecuada o que hayan sufrido una baja deshonrosa o por delitos que los inhabilite para portar armas. Entre estos delitos se incluyen, aunque sin limitarse a ello, los de agresión, asesinato, incendio doloso, fraude, violación, abuso sexual, crimen organizado, soborno, corrupción, falso testimonio, tortura, secuestro, narcotráfico o la trata de personas. Así las cosas, se entiende que Wagner, que ha reclutado a decenas de miles de presidiarios rusos, no haya estado interesada en comprometerse con el Código de Conducta.

En cuanto a la gestión del armamento y municiones, las obligaciones son las más elementales que se aplican en los Ejércitos y fuerzas policiales, como almacenamiento seguro, control de expedición, eliminación verificable o entrenamiento previo al permiso para portar armas, entre otros[105].

CUARTA PARTE
LA CONTROVERSIA

1
MOTIVOS PARA EXTERNALIZAR LOS SERVICIOS MILITARES

Ya sabemos qué son las empresas militares privadas, en qué se diferencian de las de seguridad, qué servicios proporcionan, qué personal contratan y qué relación tienen con los Estados. También sabemos que no todos los servicios militares tienen la misma potencialidad para causar daños humanitarios. Por esto diferenciamos entre las actividades que requieren, o no, el uso de armamento, y entre las que se realizan en situación de paz o en zona de operaciones. No es lo mismo un servicio de armas para controlar los accesos a un cuartel de Madrid, que la protección de un convoy en Irak con alta probabilidad de ser atacado. Y tampoco es equiparable un servicio que limita derechos fundamentales, como puede ser la gestión de un campo de prisioneros, con otro que cubre necesidades básicas no operativas, como la alimentación de un contingente militar, aunque ambos sean actividades de naturaleza civil y se presten en una zona de conflicto armado. Sabido esto, es el momento de tratar de entender por qué la privatización de la guerra es un fenómeno habitual y en crecimiento en los conflictos armados.

Los beneficios de contratar empresas militares privadas

En términos generales, la privatización de los servicios públicos tiene sus ventajas y sus inconvenientes. En ausencia de corrupción política, lo normal es que solo se privatice un servicio si se considera que el resultado es útil y que no existe ningún obstáculo insalvable de índole legal, social o ético. Este criterio genérico es de aplicación al caso concreto de la privatización de los servicios militares.

A pesar de sus inconvenientes, que no son pocos, la contratación de empresas militares privadas proporciona tres beneficios fundamentales a los Estados contratantes. En primer lugar, para ejecutar una determinada operación, permite desplegar un contingente menor del que sería necesario si se tuvieran que cubrir todos los puestos con personal militar. Desplegar menos soldados es popular, tiene buena prensa y proporciona réditos políticos. Aun así, contratar empresas privadas para operar en zonas de combate no es algo que suscite muchas simpatías precisamente. Esta es una de las razones por las que la transparencia suele brillar por su ausencia en este tipo de contrataciones. En todo caso, un despliegue militar contenido ahorra efectivos para afrontar intervenciones más exigentes, para emplear soldados en otros escenarios o para organizar relevos que permitan prolongar en el tiempo la presencia operacional. En definitiva, siempre es beneficioso tener menos soldados empeñados en operaciones, sobre todo si estas son de combate.

Segundo, la privatización de la guerra evita infrautilizar personal militar bien adiestrado y de difícil reposición. Muchas de las tareas de apoyo a las operaciones encargadas a empresas privadas no requieren una exigente preparación específica militar. Cuando se asignan labores de apoyo a soldados que han empleado años en su entrenamiento para llevar a cabo las facetas más complejas del combate, usando armamento sofisticado y ejecutando tácticas complejas, estamos ante un caso evidente de sobrecualificación. Por ejemplo, es relativamente normal que en las zonas de operaciones los policías militares asuman el control de acceso a las bases. Sin embargo, su formación específica como policía militar les cualifica, además de para controlar la entrada a un cuartel, para escoltar autoridades, dar seguridad a convoyes y transportes especiales, emplear perros adiestrados en la detección de explosivos y drogas, mantener el orden y la disciplina, custodiar y trasladar prisioneros, llevar a cabo investigaciones policiales, etc. Un vigilante de seguridad privada está perfectamente capacitado para controlar los accesos a una base militar sin necesidad de tener el complejo adiestramiento de un policía militar que, mientras tanto, puede dedicarse a tareas en las que se aproveche mejor su formación.

Tercero, contratando compañías especializadas se cubren las carencias que tengan las fuerzas armadas nacionales en determinadas capacidades necesarias para el éxito de una misión. La especialización de los contratistas privados evita tener que formar soldados en técnicas poco relacionadas con la acción militar y que, fuera de las zonas en conflicto, son propias de las empresas civiles. A esta categoría pertenecen muchas actividades que son ajenas al combate, incluidas las logísticas. Como ejemplo, no hay más que observar las misiones militares de las Naciones Unidas, en las que se asigna al personal civil la gestión de los recursos humanos y la logística o las telecomunicaciones no operativas. Es cierto que la ONU no confía estas actividades a empresas, pero también es cierto que evita cederlas al ámbito militar.

En resumen, los principales motivos que tienen los Estados para hacerse con los servicios de empresas militares privadas son, además de la posible rentabilidad económica de la que hablaremos más adelante, el ahorro de efectivos militares y evitar tanto la infrautilización de soldados bien adiestrados y equipados como, todo lo contrario, tener que formarlos en técnicas de las que carezcan las fuerzas armadas. Por si esto fuera poco, en la actualidad se dan dos circunstancias que refuerzan la tendencia a acudir a la contratación de estas empresas: la falta de efectivos en los Ejércitos mal dimensionados y la necesidad de tener un conocimiento exhaustivo de la situación operacional. Veamos cómo estas dos realidades propician la externalización de los servicios militares.

EJÉRCITOS INFRADIMENSIONADOS

Como hemos apuntado, las empresas militares privadas ejecutan tareas que los Ejércitos, por diversas razones, no pueden llevar a cabo. La primera y fundamental de estas razones es la falta de efectivos. En particular, los Ejércitos occidentales sufren una demanda operativa que excede sus capacidades. El fin de la guerra fría en 1989 y la desaparición de la Unión Soviética en 1991 permitió al Consejo de Seguridad de las Naciones Unidas deshacerse de las ataduras que le impedían promover la paz internacional mediante la intervención directa en los conflictos con las llamadas misiones de paz.

Al mismo tiempo, la liberación del yugo soviético desencadenó gran cantidad de conflictos internos y guerras civiles auspiciadas por el auge de los nacionalismos, las tensiones étnicas, los Estados fallidos y las dificultades económicas, dando lugar a graves crisis humanitarias. Como consecuencia del incremento de los conflictos y el desbloqueo de la actividad del Consejo de Seguridad, se multiplicaron las operaciones de mantenimiento o de imposición de la paz de la ONU.

Mientras esto sucedía, las fuerzas armadas occidentales se veían sometidas a un paulatino e imparable proceso de reducción de efectivos como resultado de la desaparición de la amenaza soviética. Esto ocurrió precisamente cuando el elevado número de misiones fue multiplicando la demanda de personal y asignaciones económicas. Así las cosas, en la situación actual, los Ejércitos se encuentran comprometidos en exceso o, si se prefiere, están infradimensionados. Esta eventualidad, ya de por sí exigente, se complica por la tendencia a perdurar de los conflictos actuales, de manera que las nuevas operaciones militares se superponen a las anteriores, como se comprueba en la secuencia de intervenciones inacabadas en los Balcanes, el Sahel, Oriente Próximo y tantos otros escenarios. En estas circunstancias, y a modo de ejemplo, la fuerza de la ONU en Chipre (UNFICYP) sigue desplegada en la isla desde 1964, la presencia de la OTAN en Kosovo (KFOR) se remonta a 1999 y la de la Unión Europea en Bosnia y Herzegovina (EUFOR) data de 2005, si bien las operaciones militares internacionales en este último país se iniciaron en 1992.

La escasez de efectivos militares para hacer frente a los actuales retos de seguridad internacionales tiene tres vías de solución: incrementar los efectivos, reducir los despliegues militares en el exterior o aliviar la carga de trabajo de los soldados. Una de las formas de aumentar el número de militares en un Ejército consiste en recurrir al reclutamiento forzoso, algo que parece casi utópico en algunos países occidentales, pero que en otros funciona con normalidad, como en Finlandia, Noruega, Dinamarca, Estonia o Lituania, solo por nombrar algunos ejemplos europeos[106]. En Austria se celebró un referéndum en enero de 2012 cuyo resultado fue que la mayoría de la población eligió mantener el servicio militar obligatorio y un servicio civil alternativo de mayor duración. Grecia y Suecia, por su parte, eliminaron el reclutamiento forzoso en 2010, pero lo tuvieron que restablecer en 2017 y 2018 respectivamente. El ministro de Defensa sueco, Peter Hultqvist, argumentó la decisión de su Gobierno por la dificultad de reclutar suficientes voluntarios para servir en las fuerzas armadas. Es de suponer que, tras la invasión de Ucrania por parte de Rusia, las autoridades suecas se habrán reafirmado en su decisión. El caso de Grecia se debe más a las tensiones con su vecino y aliado en la

OTAN, Turquía, tensiones que se recrudecieron hasta el punto de que en 2021 se amplió a un año el servicio militar obligatorio que deben prestar los griegos.

En todo caso, el reclutamiento forzoso no soluciona este problema, al menos en los países occidentales, porque en ellos la ley o la práctica política solo permite a los soldados de reemplazo participar en la defensa del territorio nacional, limitando el despliegue en operaciones exteriores a los que se presten a ello de forma voluntaria. Por si esto fuera poco, el personal no profesional suele estar menos capacitado para el correcto manejo del armamento y material actual, cada vez más tecnológico, valioso y de difícil reposición. Su preparación, por lo tanto, requiere un periodo de formación y adiestramiento más largo que el de hace unas décadas.

Teóricamente, otra forma de aumentar el número de efectivos militares pasaría por competir en el mercado laboral con el resto de las ofertas de empleo. Para hacer más atractiva la carrera militar habría que subir los sueldos de los militares, ampliar sus prestaciones sociales, mejorar sus condiciones de trabajo y modernizar el armamento y equipo. Adoptadas con determinación, todas estas medidas resultan muy caras y los países que las han implementado se han visto obligados a reducir los efectivos para contener el gasto público, precisamente lo contrario de lo que se pretendía. Por lo tanto, esta solución no funciona bien en la práctica y tiene un recorrido muy corto, tal y como sucedió en Suecia, donde acabaron recuperando el reclutamiento forzoso.

La segunda forma de paliar la falta de efectivos consiste en disminuir las operaciones militares en el extranjero. Como ya hemos apuntado, los conflictos regionales se han propagado como un reguero de pólvora por medio mundo. Para hacernos una idea, en la actualidad hay más de cuarenta guerras o conflictos armados con cifras de muertos anuales por encima del centenar. En estas circunstancias, la presencia militar de la comunidad internacional en las zonas conflictivas se ha multiplicado hasta el punto de hacerse muy gravosa para los países más comprometidos con la seguridad.

La decisión política de participar en una operación militar internacional supone asumir elevados gastos financieros y costes de todo tipo, empezando por las bajas humanas —propias y ajenas— que indefectiblemente se producirán antes o después y en mayor o menor cantidad en función de la intensidad del conflicto. Para colmo, es normal que la presencia operativa se mantenga incluso después de apaciguar la zona. Los casos de Bosnia y Herzegovina o Kosovo son paradigmáticos, pero no los únicos.

Visto lo anterior, la comunidad internacional, y en particular los países occidentales, se han visto obligados a priorizar las zonas geográficas donde mantener su presencia militar, intentando así aliviar algo la presión sobre sus comprometidas fuerzas armadas. Más allá de las intervenciones militares motivadas por causas humanitarias, los criterios para involucrarse en un conflicto se basan, lógicamente, en una combinación de intereses nacionales, por un lado, y un balance de coste y beneficio, por otro. En este caso, coste y beneficio deben entenderse en su sentido más amplio, no solo el económico. Si la balanza se inclina del lado del beneficio, lo habitual es mantener el despliegue militar tanto como se pueda; es el caso de Bosnia y Herzegovina. Pero si el coste político, social, económico y en vidas humanas es desproporcionado a los escasos beneficios en seguridad que se obtienen, lo recomendable puede ser abandonar el territorio, tal como hizo la OTAN en Afganistán en 2021. También puede ocurrir que la aparición de nuevos actores en un teatro de operaciones deteriore las condiciones de seguridad hasta el punto de obligar al abandono de la misión. Esta situación se produjo en 2022 tras la irrupción en Mali de la EMP rusa Wagner, lo que hizo que la Unión Europea tomara la decisión de suspender, que no cancelar, su misión de entrenamiento a las fuerzas armadas malienses.

En ocasiones, retirarse de un territorio no es una opción políticamente admisible, por lo que los Gobiernos se ven obligados a prorrogar la presencia militar, aunque reduciendo los efectivos allí establecidos. Lo normal en estos casos es cambiar la postura operacional, es decir, el tipo de actividad operativa que se ejecuta sobre el terreno. Una fuerza desplegada para combatir tiene más desgaste y requiere más medios humanos y materiales que otra encargada del adiestramiento de un ejército local para que este sea el que asuma la responsabilidad del combate en su propio territorio.

Un buen ejemplo lo tenemos en Irak. En 2003, Estados Unidos invadió este país alegando que el régimen de Saddam Hussein disponía de un importante arsenal de armas de destrucción masiva que, por cierto, nunca apareció. Desde entonces, la postura operacional sobre el terreno se ha ido adaptando a los cambios de situación, actualizando los objetivos y haciendo posible una reducción gradual de la fuerza a partir de 2008 cuando estaban desplegados unos ciento sesenta mil soldados. En este tiempo, Estados Unidos ha pasado de ser una fuerza de ocupación en Irak a liderar la Coalición Internacional contra el Estado Islámico que sustenta la operación Inherent Resolve desde 2014.

Más recientemente, para aliviar la presión popular sobre el Gobierno iraquí de Al-Kadhimi, en diciembre de 2021 el Ejército estadounidense dio por terminadas sus acciones de combate en el país, enfocándose desde entonces en el asesoramiento y la asistencia militar. Con este último cambio, el despliegue norteamericano en Irak se situó en unos dos mil quinientos soldados y, ojo al dato, unos cuatro mil quinientos contratistas privados del Departamento de Defensa. La progresiva reducción de efectivos ha sido posible gracias a la evolución de la situación y al cambio de la postura operacional, que ha pasado de fuerza invasora y potencia de ocupación, a la lucha armada directa contra el terrorismo islámico y, finalmente, al asesoramiento y ayuda militar al Ejército nacional iraquí.

Sin embargo, la disminución del número de soldados desplegados en el exterior, ya sea cerrando operaciones como en Afganistán o reduciendo la presencia militar como en Irak, no es la mejor de las soluciones para paliar la falta de efectivos. En primer lugar, porque las grandes potencias y la comunidad internacional —léase la ONU— no pueden desentenderse totalmente de los conflictos internacionales, sobre todo si suponen una amenaza potencial a sus sociedades. Para los europeos, el Sahel quizás parezca una región lejana en términos puramente geográficos, pero lo cierto es que parte de la seguridad del Viejo Continente depende de lo que pase en esa amplia franja de territorio africano al sur del Sahara. Esta región se ha convertido en un caldo de cultivo idóneo del terrorismo islámico y de la migración descontrolada a Europa, por no mencionar otras amenazas como el narcotráfico, la delincuencia organizada transnacional o la piratería. El Sahel es un ejemplo de que la reducción de la presencia militar en el exterior tiene un límite porque, aunque Occidente no puede ser el gendarme del mundo, tampoco puede encerrarse en sí mismo y olvidarse de lo que le rodea. Sería una insensatez.

Por otra parte, y volviendo a la disminución de la carga de trabajo de los Ejércitos, la tendencia actual es mantener un nivel alto de esfuerzo militar en el exterior mientras resulte rentable. De hecho, muchos repliegues no forzados de tropas están motivados por la necesidad de atender otros teatros de operaciones prioritarios. En este sentido, la decisión norteamericana de retirar sus tropas de Afganistán probablemente estuvo influenciada por la situación en el Pacífico, sobre todo tras el comportamiento amenazante de China con sus vecinos en los mares del sur y del este. En cualquier caso, el cierre de esa costosa operación, con numerosísimas bajas humanas y poco útil para el ciudadano norteamericano, liberó recursos que el Pentágono puede dedicar a la innovación tecnológica y a la inversión en capacidades operativas que refuercen la disuasión sobre el gigante asiático.

Vistas las dificultades y limitaciones para dimensionar unas fuerzas armadas acordes con las necesidades operativas, parece comprensible que los Gobiernos acudan a la ayuda de las empresas militares privadas. Estas compañías, las EMP, han demostrado tener buena capacitación para asumir tareas de adiestramiento, logísticas y de apoyo a las operaciones. Son idóneas, por tanto, para reforzar unidades militares, para aliviarlas de las tareas menos operativas o específicas y para cubrir las carencias creadas por la creciente demanda de fuerzas en el extranjero. Es más, en determinados casos, las EMP pueden asumir tareas para las que los Ejércitos aún no están bien preparados, en particular en el campo de las nuevas tecnologías.

Estas posibilidades de empleo que ofrecen las EMP reducen el número de efectivos militares necesarios para ejecutar una determinada operación. Como ya hemos apuntado, a principios de 2022, el contingente estadounidense en Irak estaba formado por unos dos mil quinientos militares apoyados por cuatro mil quinientos contratistas privados, lo que supone un importante ahorro en el esfuerzo militar, aunque no tanto en lo económico. Sin embargo, estas cifras se quedan cortísimas comparadas la situación en el momento de mayor despliegue. Según publicó el diario *Los Angeles Times* con ocasión del Día de la Independencia de 2007, en esas fechas Estados Unidos tenía desplegados en Irak unos ciento sesenta mil soldados y más de ciento ochenta mil contratistas, de los cuales veintiún mil eran norteamericanos, ciento dieciocho mil eran iraquíes y cuarenta y tres mil provenían de terceros países. En estas cifras, el diario no contabilizó los contratistas de seguridad encargados de la protección de funcionarios e instalaciones civiles. Para hacernos una idea de la magnitud de este despliegue, recordemos que las fuerzas armadas españolas cuentan con unos ciento veinticinco mil militares en activo y quince mil en la reserva.

En definitiva, la sobrecarga de las fuerzas armadas en los teatros de operaciones internacionales es uno de los principales argumentos esgrimidos para contratar EMP y externalizar servicios militares auxiliares y de apoyo al combate. El razonamiento para llegar a esta conclusión es, básicamente, el siguiente:

- La seguridad internacional requiere un gran esfuerzo y compromiso conjunto de organizaciones, naciones y sociedad civil.
- En ocasiones, no son suficientes los buenos oficios, la acción diplomática, la cooperación para el desarrollo o, incluso, las sanciones.
- Es entonces cuando el Consejo de Seguridad de las Naciones Unidas puede adoptar la decisión de realizar intervenciones coercitivas para restaurar la paz.
- Tras el fin de la guerra fría, los conflictos armados y el terrorismo internacional se han multiplicado. Al mismo tiempo, los Ejércitos nacionales han reducido su tamaño, lo que ha provocado carencias operativas para imponer y mantener la paz.
- Así las cosas, las fuerzas armadas de los países comprometidos con la seguridad internacional están sometidas a un sobreesfuerzo difícil de sostener a largo plazo.
- Aumentar los efectivos militares, mejorar las condiciones de trabajo de los soldados y ampliar las capacidades operativas de los Ejércitos son decisiones que pueden solucionar parte del problema. Pese a ello, estas medidas son difícilmente reversibles y su coste es tan elevado que no se pueden implantar en toda la extensión requerida.
- Disminuir la presencia militar exterior, priorizando los escenarios donde intervenir, es una opción que puede afectar negativamente a la seguridad propia.
- Contratar EMP para que realicen tareas de apoyo a las operaciones puede disminuir sustancialmente el número de soldados necesarios para ejecutar una misión. Esta es una medida reversible y flexible, pues no requiere un compromiso a largo plazo.

CONOCIMIENTO DE LA SITUACIÓN OPERACIONAL

El conocimiento de la situación operacional es un elemento clave para el éxito de las operaciones militares. Es tan importante que no solo influye en el planeamiento y la conducción operativa, sino que condiciona la decisión política de intervenir, o no, militarmente. La situación o entorno operacional de un territorio está constituida por una serie de factores de índole político, militar, económico, social, físico, humano, cultural y de infraestructuras. Cuando las operaciones se ejecutan en el extranjero, en un territorio que no se conoce en profundidad, algunos de estos factores pueden ser difíciles valorar de forma correcta.

Tomemos como ejemplo el factor económico. Hoy en día es fácil acceder a los datos actualizados que configuran la economía de un país y que interesa conocer para la planificación de un despliegue militar: producto interior bruto, recursos naturales, sectores productivos, importaciones y exportaciones, tejido empresarial, salario medio, desempleo, nivel de pobreza, etc. Igual de accesibles, o incluso más, son los elementos del factor físico, es decir, los accidentes geográficos, la orografía y la hidrografía, el clima y demás elementos que dan forma al territorio. Sin embargo, el factor humano es mucho más complejo y difícil de comprender, sobre todo cuando hay grandes diferencias culturales entre el contingente que se despliega y la población local.

El comportamiento humano no es homogéneo y está condicionado por el modo de vida y las costumbres sociales, de manera que una misma realidad puede ser percibida de forma distinta por personas de diferentes culturas. Esto hace que un buen análisis del factor humano no se deba limitar al estudio del número de habitantes o la densidad de población y su distribución por rango de edad. Ni siquiera basta con tener una idea aproximada del nivel de educación general y de cualificación profesional; también es necesario aplicar un enfoque cultural.

Debemos tener en cuenta que una determinada acción puede interpretarse de forma diferente según el punto de vista y provocar, por lo tanto, recciones inesperadas en la población local. Esto es particularmente importante cuando el contingente desplegado pertenece a países occidentales, tan dados a creer que su forma de entender la vida es la correcta y que quienes no la comparten deberían esforzarse por adaptarse a su pensamiento único y superior. Todas las sociedades tenemos prejuicios culturales más o menos acusados y es muy conveniente que seamos conscientes de ello, sobre todo cuando se realiza un despliegue militar en territorio hostil.

Una manera de mejorar el conocimiento cultural de las sociedades donde se realizan operaciones militares es disponer de equipos de profesionales como sociólogos, psicólogos o antropólogos que trabajen sobre el terreno. Otra forma, compatible con la anterior, es aprovechar al personal de las empresas militares privadas para que ayuden a las tropas desplegadas a comprender la idiosincrasia de la sociedad local. En muchas ocasiones, las EMP tienen una percepción bastante acertada de las costumbres y la realidad locales, muy por encima de la de los militares que se despliegan sobre el terreno durante unos meses antes de ser relevados.

Eso es así, en primer lugar, porque los Estados contratantes suelen externalizar servicios militares en EMP radicadas en el propio país de despliegue, es decir, en lo que conocemos como Estado territorial o de operación. Ya hemos visto que, de los ciento ochenta mil contratistas que Estados Unidos tenía en Irak en 2007, la mayoría, ciento dieciocho mil, eran iraquíes. En segundo lugar, porque las otras EMP, las extranjeras, acostumbran a subcontratar empresas de la zona y a emplear contratistas locales, todo ello en la medida de lo posible y razonable. Y, por último, porque es normal que los contratistas privados extranjeros permanezcan en el teatro de operaciones durante periodos más largos que los de las rotaciones de las unidades militares, que rara vez sobrepasan los seis meses de despliegue. Esto hace que tengan más tiempo para familiarizarse con las peculiaridades de la población local.

Es incuestionable que las empresas y contratistas de la zona pueden contribuir eficazmente al éxito de las operaciones militares, no solo porque proporcionan un conocimiento inestimable del idioma y el territorio, sino porque también lo hacen de la cultura y la sociedad de su propio país. Esta aportación resulta aún más valiosa si se tiene en cuenta que casi siempre es más barato contratar compañías y personal locales que extranjeros. Es más, desgraciadamente, este ahorro va más allá del coste económico y afecta a temas mucho más delicados. Desde los países de origen, en la distancia, no se percibe con la misma sensibilidad la muerte de un compatriota que la de un contratista o colaborador del territorio en conflicto. Lo hemos comprobado, una vez más, en la indiferencia de las sociedades occidentales ante los más de trescientos intérpretes asesinados por los talibanes en Afganistán desde 2014 o ante el abandono de miles de colaboradores afganos tras el precipitado repliegue de las tropas de la OTAN en 2021.

El factor económico

El ahorro en los costes es uno de los argumentos recurrentes de los partidarios de la contratación de EMP para sustituir a las fuerzas militares nacionales. En su obra *La privatización de la seguridad*, el coronel del Ejército de Tierra español Mario Laborie Iglesias afirma que el ahorro económico se produce desde el momento en que la contratación se efectúa cuando los servicios militares son necesarios y se cancela cuando finaliza la necesidad, no generando más gastos hasta que no se vuelven a contratar. Por su parte, los Ejércitos se ven obligados a mantener operativos durante décadas a sus soldados, equipos y armamento, tanto si se emplean en operaciones como si no. Esto supone un gasto continuado al que se añaden las prestaciones médicas y sociales, las pensiones y los costes burocráticos. Sin embargo, para que el ahorro en costes sea efectivo, el coronel Laborie considera que deben concurrir dos circunstancias: que se den las condiciones de competitividad en el mercado de los servicios militares y que la empresa contratada disponga de flexibilidad para cumplir con sus obligaciones[107].

Lo cierto es que estas dos eventualidades, competitividad y flexibilidad, se dan con muy poca frecuencia en el mercado de los servicios militares. Todo lo contrario, lo habitual es que los Gobiernos restrinjan el libre acceso de las empresas para concurrir a este tipo de contratos. El motivo no puede ser más lógico; las operaciones militares se consideran materia reservada y, por lo tanto, los servicios de las EMP deben gestionarse con la necesaria confidencialidad y, además, requieren la garantía de una prestación fiable y continuada a lo largo de la operación. Estas tres condiciones —confidencialidad, fiabilidad y continuidad— son difíciles de garantizar en un concurso público abierto para cualquier empresa, razón por la cual los Gobiernos se inclinan por implantar sistemas rígidos de contratación, en detrimento del ahorro de costes.

Por otra parte, para que se produzca un ahorro en los costes no basta con garantizar la competitividad y la flexibilidad empresariales. También se tiene que dar la circunstancia de que las fuerzas armadas no tengan plena disponibilidad para realizar las tareas externalizadas. Es decir, si un Ejército está en condiciones de prestar un determinado servicio con sus propios medios, lo normal es que no sea rentable contratar una empresa. En España, esto lo puso en práctica el Mando de Apoyo Logístico del Ejército (MALE). En 2013 el Ejército español sufría unos recortes presupuestarios que obligaron a reducir drásticamente las partidas dedicadas a la instrucción del personal y el adiestramiento de las unidades. Ante esta situación, el MALE llevó a cabo una reversión de servicios externalizados, de manera que los militares se hicieron cargo de tareas de transporte y de mantenimiento mecánico y electrónico. El resultado fue un ahorro de 10 millones de euros el primer año.

Volviendo a la publicación del coronel Laborie, en ella se hace mención a dos informes emitidos en 2008 y 2010 por la Congressional Budget Office (CBO) de los Estados Unidos. En el informe de 2008 no se apreciaban diferencias sustanciales entre los costes de actividad realizados por una EMP o por una unidad militar. La verdadera diferencia entre las dos opciones era la que hemos apuntado antes: en tiempo de paz la unidad militar sigue generando gastos al Estado, al contrario que la empresa privada a la que no se le renueva el contrato. En el informe de 2010, la CBO comparó cinco tipos de tareas realizadas por contratistas privados y empleados públicos del Departamento de Estado. El estudio concluyó que los funcionarios estadounidenses resultan bastante más costosos que los contratistas locales o de terceros países con salarios bajos, pero cuestan menos que los contratistas de su propio país. Hay que tener en cuenta que la contratación de personal norteamericano es casi obligatoria para realizar tareas en las áreas clasificadas a las que solo puede acceder personal habilitado con certificados de seguridad.

Esto es así porque, en la práctica, en contadísimas ocasiones se va a acreditar a personal extranjero con una habilitación de seguridad nacional. Por poner un ejemplo, lo normal es que Estados Unidos no permita que personal iraquí trabaje en áreas reservadas de un centro de operaciones en el que se tenga acceso a información clasificada o sensible. A este respecto, el informe calculaba que el servicio de protección de personal en Bagdad tendría un coste de 380,4 millones de dólares si se cubría con contratistas privados norteamericanos y de 239,5 millones de dólares si se llevaba a cabo por funcionarios[108].

Visto todo lo anterior, no se puede afirmar con rotundidad y sin temor a equivocarse que es económicamente rentable la contratación de EMP para externalizar ciertos servicios militares. En determinadas situaciones puede haber ahorros a corto plazo que desaparezcan a medio y largo plazo y viceversa. Además, como hemos visto, para obtener un ahorro efectivo se tiene que dar un conjunto de condiciones que rara vez van a concurrir en el ámbito de la seguridad y defensa. De todas maneras, el coste económico es quizás la menor de las ventajas —si las tiene— de la externalización de servicios militares prestados en zonas de operaciones.

2
Aspectos polémicos de la privatización de la guerra

Como hemos mencionado, no son pocos los motivos por los que los Gobiernos se podrían sentir inclinados a recurrir a los servicios de las EMP o, cuando menos, por los que pueden considerar que es conveniente o recomendable hacerlo. Sin embargo, también hay motivos más que suficientes y, sobre todo, muy serios para preocuparse por la presencia activa de empresas privadas y personal civil (contratistas) en los teatros de operaciones militares. De entre todos ellos, nos detendremos en los más evidentes y en los que generan polémica por sus nefastas consecuencias potenciales.

La defensa nacional es un servicio público esencial y de riesgo

El primer motivo de preocupación ya se ha apuntado con anterioridad y tiene que ver con la naturaleza del servicio que se presta: la defensa nacional. Ya hemos visto que el Estado debería garantizar los servicios públicos esenciales, los que el sector privado no puede proporcionar de forma universal y los de acceso gratuito. Todas estas características son propias de la defensa nacional, un servicio público que, además, se implementa de forma coercitiva, ejerciendo la autoridad pública y haciendo uso de armamento letal y altamente destructivo. Visto así, no es muy tranquilizador que haya compañías privadas —que son gestionadas con criterios mercantiles de productividad y beneficio— prestando servicios militares en zonas de operaciones por encargo de Gobiernos enfrascados en un conflicto armado.

El criterio de empresa no debe aplicarse a la guerra

La segunda razón para preocuparse está relacionada con la naturaleza de las compañías privadas. Cualquier empresa bien gestionada busca y cuida su mercado, facilita sus productos o servicios con puntualidad y a un precio competitivo e intenta alcanzar un nivel de calidad suficiente para satisfacer las expectativas de sus clientes. Hasta aquí, perfecto. Si la demanda disminuye o la empresa tiene vocación de crecimiento, buscará expandir su negocio diversificando su oferta, identificando otros nichos de mercado, reclutando más clientes o creando nuevas necesidades no percibidas hasta entonces por los consumidores potenciales. No hace falta ser muy perspicaz para percibir el riesgo que asumen los Gobiernos cuando incorporan empresas privadas en el mercado de los servicios militares prestados en zonas en conflicto y, sobre todo, cuando estas empresas adquieren un poder económico importante.

Si no hay guerra o si el conflicto armado se soluciona pronto, entonces baja la demanda y disminuyen los ingresos. En tal caso, las empresas afectadas pueden, por ejemplo, diversificar su oferta satisfaciendo necesidades de adiestramiento militar en el territorio nacional y en situación de paz, como hacen Air USA, Draken International, Tactical Air Support y otras compañías privadas que proporcionan entrenamiento táctico avanzado a pilotos de combate de Estados Unidos. Esto no tiene por qué representar ningún problema, ya que estas actividades de adiestramiento se realizan «en casa» y sin tomar parte directa en ningún tipo de hostilidades.

Sin embargo, si dejamos de lado la ética por un momento y nos centramos solo en criterios estrictamente empresariales, resulta que el escenario ideal para las compañías que venden servicios militares en operaciones sería uno en el que los conflictos armados se generalizaran, fueran preferiblemente de baja intensidad y tuvieran una larga duración, cuanto más, mejor. Si las guerras se generalizan, se crean nuevos mercados; si son de baja intensidad, disminuye la exposición al riesgo físico de los contratistas privados, y si son de larga duración, el negocio se hace más estable y duradero. Este panorama sería bueno para las empresas militares privadas, pero caro para los Gobiernos, perjudicial para las naciones, deplorable para las personas y demoledor para la seguridad internacional. Imaginemos que haya compañías —de servicios militares o de armamento— con suficiente capacidad de influencia y voluntad para provocar o impulsar un escenario como el antes descrito. Sería terrible.

LA PRESENCIA DE CONTRATISTAS MILITARES PRIVADOS ES UN FACTOR DE RIESGO

El tercer motivo de preocupación es el papel que desempeñan los contratistas en las zonas en conflicto. Este personal a menudo porta armas, y en sus cometidos se contemplan actividades que se acercan mucho a las de combate. Desde un punto de vista humanitario, la experiencia nos dice que la presencia de estos trabajadores ha supuesto con frecuencia una amenaza para la población local y que ellos mismos han sufrido ataques deliberados al ser percibidos como una fuerza de ocupación militar.

De los casos habidos, recordaremos uno de cada signo. Por una parte, la matanza ocurrida el 31 de marzo de 2004 en Faluya (Irak), en la que cuatro contratistas que trabajaban para la coalición multinacional fueron asesinados, quemados y desmembrados mientras una multitud lo celebraba. Por otra parte, el 22 de octubre de 2014, un jurado federal de Estados Unidos condenó a cuatro excontratistas de Blackwater por asesinato y homicidio en un tiroteo que acabó con la vida de catorce iraquíes en Bagdad en septiembre de 2007.

Como vemos, la mera presencia de contratistas armados en un teatro de operaciones militares puede ser una fuente de conflicto en sí misma. En este sentido, el Centro para Civiles en Conflicto (Center for Civilians in Conflict – CIVIC), asegura que la presencia de las EMSP está asociada con las siguientes amenazas a la población civil[109]:

- Civiles atrapados en la línea de fuego de operaciones terrestres o ataques aéreos, especialmente en entornos urbanos.
- Explotación y abuso sexual.
- Arrestos ilegales, ejecuciones extrajudiciales y tortura, incluso en grupos vulnerables.
- Ocupación de edificios e infraestructuras civiles.
- Miedo a las represalias por presenciar o denunciar abusos.
- Desplazamiento de poblaciones como resultado indirecto del miedo.
- Destrucción de edificios, redes eléctricas, suministros de agua y otros servicios básicos.

Las relaciones inapropiadas entre Gobiernos y EMP

El cuarto motivo para preocuparse son las peculiares relaciones desarrolladas entre los Gobiernos nacionales y las empresas militares privadas. Estas relaciones tienden a producir interdependencias que se mueven al límite de lo legal y se suelen caracterizar por la subordinación de las empresas y la complicidad entre ambas partes.

Por un lado, las empresas proveedoras de servicios militares proporcionan a los Gobiernos algo parecido a un ejército privado. Por otro, la supervivencia de la empresa depende de la voluntad del Gobierno de turno para contratarla, por lo que hará todo lo que sea necesario para satisfacer las demandas gubernamentales, sean las que sean. Dos claros ejemplos de esta dependencia estatal son la empresa rusa Wagner, que solo ha trabajado, directa o indirectamente, para Rusia y la norteamericana Academi, cuya facturación proviene en un 90 % del Gobierno de los Estados Unidos.

Lo alarmante de la absoluta dependencia que pueden tener algunas EMP respecto de los Gobiernos nacionales es que estos lo aprovechen para emplear contratistas privados en acciones que no deben hacer los militares, ya sea porque son inapropiadas o porque se quiera ocultar la participación del Estado en una determinada guerra. A este respecto, en mayo de 2020, el Comando de África de los Estados Unidos (AFRICOM) hizo público que aviones de combate rusos sin identificación apoyaron a contratistas rusos del Grupo Wagner que combatían en Libia contra el ejército del Gobierno de Acuerdo Nacional. Debemos recordar que por esas fechas Rusia intentaba asumir el papel de árbitro neutral en Libia para alcanzar una solución política a la crisis, por lo que su apoyo militar a una de las partes —el Ejército Nacional Libio— era contrario a su posición oficial. A pesar de ello, Rusia ejecutaba acciones militares en Libia a través de la EMP Wagner mientras el Kremlin, en contra de lo que parecía evidente, negaba su participación activa en la guerra.

Además, la colaboración permanente entre Ejércitos y EMP y el hecho de que la gran mayoría de los contratistas han sido militares profesionales fomentan un nivel de conocimiento mutuo y confianza imprescindible para el éxito de las operaciones. La estrecha relación entre militares y contratistas privados se acrecienta con la colaboración en operaciones y, en principio, no tendría por qué ser un elemento de especial preocupación. Sin embargo, no es raro que se aproveche la confianza depositada en la actuación de una determinada EMP para ejecutar acciones de combate en las que participen conjuntamente contratistas y unidades militares, algo prohibido por el derecho internacional. Esta acción conjunta se dio en las batallas de Palmira (Siria) de 2016 y 2017, en las que cientos de contratistas de Wagner actuaron en colaboración con la aviación y las unidades de operaciones especiales rusas, aparte de con el ejército sirio. Más recientemente, en 2022, durante la guerra de Ucrania, se constató la presencia de contratistas de Wagner combatiendo contra las tropas ucranianas en el Dombás y otras áreas.

El riesgo de la contratación local

El quinto aspecto negativo de la presencia de EMP en zonas de conflicto armado deriva de la tendencia a recurrir a empresas privadas locales, es decir, del país donde se lleva a cabo la operación. Hemos visto que la contratación local favorece el éxito de las operaciones porque contribuye al conocimiento del idioma, la cultura y la situación operacional, aparte de resultar, en términos generales, más económico. Pese a ello, no podemos olvidar que la gran mayoría de los conflictos armados surgen en países frágiles y en regiones propensas a sufrir crisis que terminan en enfrentamientos internos. En estos países inestables y predispuestos a las hostilidades, el uso de servicios militares prestados por empresas locales puede acabar beneficiando a ciertos actores armados que podrían convertirse en parte del conflicto. Nos referimos a señores de la guerra, grupos insurgentes o terroristas y a la delincuencia organizada. Estos agentes, por medio de empresas militares locales, podrían tener acceso a armamento, información y adiestramiento, con las consiguientes consecuencias desestabilizadoras que todos podemos imaginar.

EL MERCADO CRIMINAL DE LOS SERVICIOS MILITARES

Quizás el aspecto más preocupante de la privatización de los servicios militares es la existencia de EMP dispuestas a servir a señores de la guerra, grupos terroristas o bandas criminales. Una de estas EMP es la uzbeka Malhama Tactical, la primera compañía militar yihadista del mundo, que ha operado con regularidad en la guerra civil siria en las gobernaciones de Idlib y Alepo. Según Abu Rofiq, alias del joven comandante de Malhama Tactical hasta su muerte, esta empresa está formada por un grupo de instructores militares que desde 2013 enseñan a los rebeldes a luchar y les proporcionan ayuda de emergencia en el campo de batalla[110]. Desde 2016, Malhama ha crecido en Siria hasta convertirse en un buen negocio, combatiendo, entrenando y proporcionando consultorías en el campo de batalla a grupos sunitas de la órbita de Al Qaeda, como es el caso de Jabhat Fateh al-Sham (anteriormente conocido como Frente Al-Nusra). También apoya al Partido Islámico de Turquestán, un grupo extremista uigur de la conflictiva provincia china de Xinjiang, que es considerado terrorista, entre otros, por China, Rusia, la Unión Europea, Estados Unidos y Reino Unido.

Malhama Tactical es una de las pocas EMP que admiten sin ningún pudor que sus servicios incluyen la participación en hostilidades, algo que sobrepasa con mucho los límites de lo permitido por el derecho internacional. Por supuesto, no es la única empresa privada que interviene directamente en acciones de combate —el Grupo Wagner también lo ha hecho—, pero, a diferencia de la EMP rusa, Malhama no solo no lo esconde, sino que alardea de ello. Es lógico; Wagner trabajaba para Rusia, un destacado miembro de la comunidad internacional que casi siempre ha intentado cubrir las apariencias en sus relaciones internacionales. Hasta la invasión rusa de Ucrania, cuando los contratistas privados de Wagner han combatido, lo han hecho ocultando su identidad en la medida de lo posible. Este cuidado por las apariencias es el mismo que, en un alarde de cinismo, hizo que el oficialismo ruso catalogara la invasión de Ucrania como una operación militar especial. Sin embargo, Malhama Tactical se mueve en otro ámbito, el de la insurrección y el terrorismo islámico, por lo que les trae completamente sin cuidado el Estado de derecho, la buena gobernanza, los derechos humanos y el derecho internacional. Para ellos, no tiene ningún sentido ocultar su naturaleza mercenaria, aunque selectiva, al servicio del yihadismo suní.

Falta de transparencia y control

A todos estos elementos preocupantes, que no son pocos, se suele añadir la falta de transparencia y de control, así como la inexistencia de reglas claras sobre quién puede contratar los servicios de las EMP y quién puede trabajar en ellas. Con todo, tal como hemos visto al abordar el tema desde el punto de vista del derecho internacional, el mercado de los servicios militares está más y mejor regulado de lo que normalmente se admite.

* * *

El principal problema que supone la presencia de las EMP reside en los Gobiernos que las contratan, que son los que deciden dónde y cómo emplearlas. A este respecto, cada vez parece más evidente que las EMP se están usando, entre otras cosas, para entrenar militarmente a grupos armados no estatales y para acciones de combate. Así se afirma en un informe conjunto, fechado en julio de 2022, del CIVIC (Centro para Civiles en Conflicto) y el DCAF (Centro de Ginebra para la Gobernanza del Sector de la Seguridad)*:

> Hoy en día, en muchos entornos afectados por conflictos, las empresas privadas no solo proporcionan seguridad física a empleados o infraestructura, sino que también desempeñan papeles tradicionalmente reservados a las fuerzas armadas, por ejemplo, brindando apoyo logístico o de inteligencia a operaciones militares o instruyendo a grupos armados estatales y no estatales y, en algunos casos, incluso combaten[111].

* Traducción del original en inglés realizada por el autor.

3
Contratistas privados y mercenarios

En uno de sus libros, Sean McFate cataloga a los mercenarios como la segunda profesión más antigua del mundo[112]. Llama la atención que, junto con la profesión que le gana en antigüedad, los soldados de fortuna disfrutan de un cierto halo de misterio y romanticismo que los hace atractivos. El blanqueamiento cultural de las actividades armadas con ánimo de lucro no es exclusivo de los mercenarios; al contrario, es una tendencia general de la que se han beneficiado desde los bandoleros españoles (Curro Jiménez) hasta los vikingos (Vickie el vikingo), pasando por personajes como Robin Hood o los piratas de toda ralea y condición. No hay más que ver el buen trato que reciben estos últimos en la mayoría de los poemas, novelas y películas que protagonizan. El romanticismo del siglo XIX les fue particularmente afecto, legándonos obras como *El corsario* (1814) de Lord Byron, *Le chant des pirates* (1827) de Louis Marie Fontan o *La canción del pirata* (1835) de Espronceda, cuyos versos se recitaban de memoria en los colegios de España. Más recientemente, hemos asistido impertérritos a comprobar cómo, en pocos años —hablando en términos históricos— los niños han pasado de despreciar al villano capitán Garfio de Peter Pan a idolatrar al encantador y justiciero capitán Jack Sparrow de *Piratas del Caribe*.

Los mercenarios no han sido ajenos a esta predisposición a mostrar la mejor cara, si es que la tiene, de personas que guerrean por dinero. Son muchos los ejemplos que nos brinda la literatura y el cine. *Los mercenarios*, de Jean Lartéguy; *Los perros de la guerra*, de Frederick Forsyth y *El último mercenario*, de Susan S. Kyle son solo una pequeña muestra que podría ser todo lo extensa que se quiera. Hasta el gran Arturo Pérez-Reverte eligió para uno de sus libros recopilatorios de artículos el sugerente título de *Cuando éramos honrados mercenarios. Artículos 2005-2009*.

Nada blanquea mejor una acción armada que poder justificarla como un modo radical, pero necesario, de resarcir un daño perverso realizado por individuos poderosos sobre gente indefensa. Las causas justas y humanitarias autorizan moralmente el uso de medios que de otra forma serían rechazados y descargan la posible culpa de sus autores. Este es uno de los motivos por el que los mercenarios han sido parte importante de la historia de la humanidad y sus acciones han condicionado lo que somos hoy. Como veremos a continuación, otro de los motivos fue la ausencia de ejércitos regulares.

ESCENARIO PARA EL RESURGIMIENTO DE LOS MERCENARIOS

En sus diferentes manifestaciones, los guerreros a sueldo ya aparecen en el Antiguo Testamento y con el paso del tiempo llegaron a ser protagonistas de las guerras europeas hasta bien entrada la Edad Media. De hecho, continuaron siendo una importante fuerza en los conflictos armados anteriores a la creación de los Ejércitos nacionales y algunos de ellos, como los piqueros suizos o los condotieros italianos, fueron muy cotizados y alcanzaron gran fama y prestigio. Sin embargo, el devenir de la historia acabó —solo temporalmente— con esta forma de mercadear con la guerra a la que llamamos mercenarismo.

La Paz de Westfalia (1648) puso fin a la sangrienta guerra de los Treinta Años y dio comienzo una nueva Europa edificada sobre el concepto de Estado soberano que, en términos geopolíticos, no difiere mucho de la actual. El moderno Estado europeo nacido en Westfalia se caracterizó, entre otras cosas, por adjudicarse el monopolio sobre el uso legítimo de la fuerza. Esto significaba la creación de Ejércitos nacionales y el arrinconamiento de los mercenarios. No obstante, después de siglos de continuos conflictos armados y, sobre todo, tras las dos guerras mundiales y la posterior guerra fría, el mercenarismo, que nunca había sido erradicado del todo, volvió a resurgir.

La caída del Muro de Berlín y el desplome de la Unión Soviética trajeron consigo un cambio radical en las relaciones interestatales. El final de la guerra fría supuso la desarticulación del orden mundial bipolar que dominó los decenios que siguieron a la Segunda Guerra Mundial y que se basó en el equilibrio de poder entre los Estados Unidos y la Unión Soviética. La independencia conseguida por antiguas repúblicas soviéticas y la reunificación de Alemania dieron paso a un periodo de optimismo generalizado que terminó siendo decepcionante por lo desacertadas que resultaron las expectativas.

En la primera mitad de la década de los noventa del siglo XX, la paz mundial, entendida como la ausencia de conflictos armados de media y alta intensidad, fue percibida como posible y cercana. El entusiasmo geopolítico internacional llegó al punto de que el presidente estadounidense George H. W. Bush y la primera ministra británica Margaret Thatcher popularizaron el término «dividendo de la paz» para referirse a los beneficios económicos que aportaría la disminución de los gastos en defensa. En aquellos años, la comunidad internacional compartía las mismas ilusiones por la paz en el mundo y, muy particularmente, en Europa.

La Carta de París para una Nueva Europa es el nombre del documento central de la cumbre de la Conferencia para la Seguridad y Cooperación en Europa (CSCE) celebrada en la capital francesa del 19 al 21 de noviembre de 1990 en pleno proceso de disolución de la Unión Soviética[113]. El documento constataba que se había llegado al fin de «la era de la confrontación y de la división de Europa» y al nacimiento de una «nueva era de democracia, paz y unidad» marcada por «un momento de profundos cambios y de históricas esperanzas». Por lo tanto, se suponía que, al menos en Europa, las relaciones entre Estados se basarían a partir de entonces «en el respeto y la cooperación». Nada más lejos de la realidad.

Se trataba de aprovechar la oportunidad ofrecida por el colapso comunista para hacer que los valores y postulados ideológicos occidentales resultasen atractivos a los países del antiguo bloque del Este. Se creía que la democracia, la economía de mercado, el derecho internacional y el multilateralismo se implantarían sin fisuras desde la costa oeste norteamericana hasta el extremo oriente ruso. Esta idea provocó un hervidero de posturas neoliberales como la del politólogo estadounidense Francis Fukuyama, quien en su libro *El fin de la historia y el último hombre* (1992) defendió la tesis de que la lucha de ideologías había terminado, dando paso a un mundo basado en la democracia liberal; como el título de su obra indicaba, nos encontrábamos ante el fin de la historia.

Sin embargo, acontecimientos como el unilateralismo de la administración Bush y su acción política en Oriente Medio fueron mermando la fuerza ideológica neoliberal. Las predicciones de Fukuyama perdieron autoridad hasta que el propio politólogo acabó manifestando su discrepancia con el camino seguido por el neoconservadurismo. Para dejar constancia escrita de ello, en 2006 publicó en *The New York Times* el artículo titulado «After Neoconservatism», especie de declaración de renuncia personal a los postulados *neocon*[114].

En consecuencia, el fin de la guerra fría no vino acompañado del fin de la historia ni marcó el comienzo de una era de paz y democracia alimentada por profundos cambios e históricas esperanzas. La cruda realidad es que los conflictos armados, lejos de disminuir su presencia y atenuar su intensidad, se han multiplicado con virulencia. Los Balcanes, Irak, Somalia, Georgia, Libia, Siria, Ucrania, Yemen, Afganistán, Nagorno Karabaj o Mali forman parte de una lista casi inacabable de guerras que han surgido con intensidad. El momento no podía ser peor para la comunidad internacional, justo en medio de un largo proceso de contención en los gastos de defensa y de reducción de los Ejércitos nacionales por el erróneo convencimiento de que cada vez serían menos necesarios.

Como resultado, la mayoría de las fuerzas armadas occidentales se encuentran infradimensionadas o, si se prefiere, sobrecomprometidas para hacer frente a las necesidades de defensa nacional y a los compromisos internacionales de seguridad. Esta situación se complica aún más por la tendencia que muestran los conflictos actuales a perdurar, de manera que las nuevas intervenciones militares se superponen a las anteriores, como se comprueba en la secuencia de misiones inacabadas en Chipre, Bosnia, Irak, Mali, Somalia, Siria...

Visto lo anterior, las fuerzas armadas con su personal, armamento, munición y equipo, se han convertido en un bien escaso y de difícil reposición que los Gobiernos deben preservar para garantizar la defensa nacional. Si, además, las potencias militares quieren seguir contribuyendo de forma decisiva a las numerosas misiones auspiciadas por las organizaciones internacionales, entonces se ven obligadas a recurrir a procedimientos alternativos. Ni siquiera los Ejércitos más poderosos y mejor preparados son capaces de sostener por sí mismos operaciones de gran intensidad durante periodos tan prolongados como los demandados en la actualidad.

Ante este panorama, la comunidad internacional y los Estados han buscado vías que alivien la falta de efectivos militares. En primer lugar, el planeamiento estratégico se puede orientar a la reducción de la presencia operacional de las misiones internacionales, lo que se traduce en una disminución del despliegue de tropas o en la ejecución de acciones menos comprometidas y exigentes. Generalmente, esto se consigue limitando la zona de actuación o cambiando el mandato de la misión a medida que se van alcanzando objetivos. La intervención internacional en Irak es un buen ejemplo de este tipo de adaptación, ya que desde 2003 ha pasado por fases de invasión y guerra, ocupación, adiestramiento y asesoramiento político y militar, cada una con distintas necesidades operativas y de personal.

Cuando por cualquier motivo no es factible disminuir las tropas desplegadas, una buena opción es repartir el esfuerzo entre más actores aumentando el número de participantes en las operaciones. Esto es lo que hizo España en Irak y más recientemente en Líbano, donde contingentes de El Salvador, Serbia y Brasil se integran en el despliegue español de la misión de la ONU (UNIFIL).

Además de las soluciones anteriores, otra forma de sostener el esfuerzo militar comprometiendo menos tropas pasa por la contratación de EMSP para ejecutar tareas de apoyo al combate que no se consideren reservadas a los militares. Este es el principal motivo por el que, después del período de desmilitarización posterior a la guerra fría, los contratistas privados y los mercenarios comenzaron a recuperar el protagonismo perdido en los conflictos armados.

En su libro *The Modern Mercenary*, Sean McFate insiste en que los mercenarios modernos surgieron después de la Unión Soviética, pero añade que fueron las guerras de Irak y Afganistán las que impulsaron a la industria de los servicios militares a convertirse en lo que es hoy. McFate sabe muy bien de lo que habla; ha sido oficial del Ejército de Estados Unidos, contratista, ejecutivo y consultor de empresas como la EMP DynCorp. Además, es profesor universitario de estrategia y autor de libros sobre seguridad internacional y defensa. En una entrevista en televisión daba las claves para entender por qué Estados Unidos recurre a los contratistas en las operaciones de media y alta intensidad, algo perfectamente extrapolable a cualquier otra potencia militar: «Cuando Estados Unidos fue a la guerra con Irak y Afganistán pensaba que iban a durar algunas semanas, quizás meses, nunca imaginaron que iban a durar diez años. Como el Ejército estadounidense es totalmente voluntario no alcanzaban a reclutar a suficientes voluntarios para llenar los puestos». En consecuencia, «el 50 % de las fuerzas armadas estadounidenses en Irak y Afganistán eran contratistas»[115].

¿QUÉ ES UN MERCENARIO?

Como hemos visto, McFate emplea el término «mercenario» sin connotaciones negativas y de forma amplia, haciéndolo extensivo a cualquier individuo que participa en un conflicto armado sin pertenecer a ninguna de las fuerzas armadas enfrentadas. Este concepto incluye, por lo tanto, a los contratistas privados. Visto así, el mercenario habría pasado a ser un trabajador sin el marchamo aventurero y romántico de los antiguos guerreros a sueldo que luchaban en lugares exóticos.

Al igual que hace McFate, es habitual que la prensa se refiera a los contratistas militares privados como mercenarios o neomercenarios. Al fin y al cabo, tiene mucho más tirón un titular en el que aparezca la palabra «mercenario» que no uno en el que se hable de contratistas. Por otra parte, estos últimos no dejan de ser civiles que, sin estar encuadrados en los Ejércitos nacionales, participan en los conflictos armados a cambio de dinero. Eso es lo que, en general, entendemos por mercenario y más o menos así lo refleja el *Diccionario de la lengua española* (*DLE*) al definirlo como el soldado o tropa «que por estipendio sirve en la guerra a un poder extranjero»[116]. Para una definición de mayor rigor técnico, podemos acudir al *Diccionario panhispánico del español jurídico* (*DEJ*) donde se especifica que el mercenario es el «soldado que lucha a cambio de dinero o de un favor y sin motivaciones ideológicas»[117].

Las dos definiciones son similares, pero muestran algunas diferencias de matiz atribuibles al distinto grado de precisión jurídica que pretende cada una. Ambas consideran al mercenario como un soldado que trabaja por una recompensa material. Si damos por válidas las definiciones en su sentido más riguroso, no podemos considerar mercenarios ni a los contratistas ni a las empresas militares privadas; a los contratistas, porque no son soldados y a las EMP, porque ni siquiera son individuos, condición previa para ser soldado.

Sin embargo, si equiparamos el término «soldado» con la persona que participa en las hostilidades, entonces habrá ocasiones en las que el contratista privado tendrá consideración de mercenario. De hecho, quien toma parte activamente en los combates pierde su condición de civil a efectos del derecho internacional. En tal caso, una EMP contratada para involucrarse en las hostilidades de un conflicto armado sería una empresa de mercenarios o, si se prefiere, una empresa mercenaria. Recordemos a qué se dedicaba el Grupo Wagner en Ucrania.

Siguiendo con las definiciones de los dos diccionarios de la RAE, una de las diferencias estriba en el tipo de actividad a la que se dedican los mercenarios. El *DLE* dice que «sirve en la guerra» y el *DEJ* que «lucha», sin especificar dónde. Desde un punto de vista jurídico, las dos definiciones son imprecisas. Por una parte, se puede servir en la guerra realizando actividades ajenas a la participación directa en los combates. Un cocinero contratado para el servicio de alimentación de una base militar en zona de operaciones está sirviendo en la guerra por dinero, pero no es un mercenario, como tampoco lo es el agente de seguridad que controla los accesos a la base.

Por otra parte, el hecho de luchar tampoco implica necesariamente tomar parte en las hostilidades. El ejercicio de la seguridad en zona de guerra, por ejemplo, puede derivar en enfrentamientos armados como el tiroteo protagonizado por Blackwater en la plaza Nisour de Bagdad. En dicha acción, los contratistas escoltaban un convoy de funcionarios civiles, por lo que no participaban en las hostilidades.

La otra diferencia entre las dos definiciones es que el *DLE* estipula que el mercenario sirve a un poder extranjero, cosa que obvia el *DEJ*. El matiz es importante porque, si admitimos que solo los extranjeros pueden ser mercenarios, entonces tendremos que excluir de tal categoría a los Wagner, quienes en su gran mayoría son rusos que han servido a su país a través de una empresa que también es rusa. Algo parecido ocurre con Blackwater/Academi y con tantas otras EMP que solo trabajan para el Gobierno de su país.

En definitiva, el lenguaje de la calle y de los medios de comunicación son muy válidos en su contexto, pero carecen de precisión. Para saber en qué circunstancias podemos considerar a los contratistas privados como los mercenarios del siglo XXI y a las EMP como una nueva forma de mercenarismo, debemos dar respuesta a tres cuestiones: primera, si solo los soldados pueden ser mercenarios; segunda, de qué forma deben participar en la guerra, y tercera, si necesariamente han de trabajar para una potencia extranjera. Buscaremos las respuestas en el derecho internacional, concretamente en los Convenios de Ginebra.

LOS MERCENARIOS SEGÚN EL DERECHO INTERNACIONAL

El derecho internacional humanitario contempla tres categorías de individuos actores en la guerra: los civiles, los combatientes y los combatientes ilegales o no privilegiados. Básicamente, todos los que se encuentran en un territorio en guerra pertenecen a uno de estos grupos. En términos generales, los civiles son las personas que ni combaten ni tienen derecho a combatir. Están especialmente protegidos por el DIH y no son objetivos lícitos, por lo que no se les debe atacar mientras no participen en las hostilidades, en cuyo momento pierden dicha protección jurídica.

Los combatientes son, en general, los miembros de las fuerzas armadas de las partes en conflicto, con excepción de los sanitarios y capellanes. Al contrario que los civiles, los combatientes son objetivos lícitos y tienen derecho a participar de forma directa en las hostilidades, pero deben actuar bajo unos determinados principios y respetar el DIH, los derechos humanos y la dignidad de las personas (al contrario de lo que afirma el dicho popular, no todo vale en la guerra). Como disfrutan del llamado privilegio del combatiente, no pueden ser enjuiciados por actos lícitos de guerra que serían delitos graves en tiempo de paz como, por ejemplo, matar. Además, en caso de ser capturados, tienen derecho al estatuto de prisionero de guerra y a la protección que les proporciona el III Convenio de Ginebra.

Los combatientes ilegales o no privilegiados son las personas que participan directamente en las hostilidades sin estar autorizadas para ello, siempre según el DIH. A esta categoría pertenecen los civiles que luchan o los miembros de milicias y movimientos de resistencia que no formen parte de las fuerzas armadas y que no cumplan una serie de condiciones específicas que no vienen al caso. Como veremos, entre los combatientes ilegales se encuentran los mercenarios.

Los Convenios de Ginebra

Estos principios, privilegios, estatutos y obligaciones se describen en los cuatro Convenios de Ginebra de 1949. Aunque tratan en profundidad el caso de los combatientes, solo el IV Convenio contiene una breve sección dedicada a la protección general de la población contra algunas consecuencias de la guerra. Para solventar esta carencia, en 1977 se aprobaron dos protocolos adicionales relativos a la protección de las víctimas de los conflictos armados internacionales (Protocolo I) y no internacionales (Protocolo II).

Pues bien, la sección segunda del título III del Protocolo adicional I describe el estatuto del combatiente y del prisionero de guerra y, en su artículo 47, deja claro que los mercenarios no tienen derecho a ninguno de dichos estatutos[118]. Por lo tanto, un mercenario no es un combatiente lícito a los efectos del DIH. Para aclarar conceptos, el mismo artículo define la figura del mercenario como toda persona:

- que haya sido especialmente reclutada, localmente o en el extranjero, a fin de combatir en un conflicto armado;
- que, de hecho, tome parte directa en las hostilidades;
- que tome parte en las hostilidades animada esencialmente por el deseo de obtener un provecho personal y a la que se haga efectivamente la promesa, por una parte en conflicto o en nombre de ella, de una retribución material considerablemente superior a la prometida o abonada a los combatientes de grado y funciones similares a las fuerzas armadas de esa parte;
- que no sea nacional de una parte en conflicto ni residente en un territorio controlado por una parte en conflicto;
- que no sea miembro de las fuerzas armadas de una parte en conflicto; y
- que no haya sido enviada en misión oficial como miembro de sus fuerzas armadas por un Estado que no es parte en conflicto.

Esta definición, que es la única válida universalmente a efectos del derecho internacional, es muy restringida. Sus criterios son estrictos y acumulativos, por lo que basta con no cumplir uno solo para no ser catalogado como mercenario. Tanta precisión se justifica por las graves consecuencias jurídicas que conlleva, ya que el mercenario ni es combatiente ni tiene derecho a participar en las hostilidades. Esto significa que puede ser juzgado por sus actos como si los hubiera cometido en tiempos de paz, aparte de no tener derecho al estatuto de prisionero de guerra en caso de ser capturado. Pero las implicaciones negativas no se quedan en esto.

La convención internacional contra el mercenarismo

En diciembre de 1989, después de ocho años de sesiones, la Asamblea General de las Naciones Unidas aprobó sin votación la convención internacional contra el reclutamiento, la utilización, la financiación y el entrenamiento de mercenarios[119]. Este tratado entró en vigor en octubre de 2001 y obliga a los Estados firmantes a no recurrir a los mercenarios y a prohibir sus actividades y, además, se comprometen a extraditar o a procesar a los que encuentre en su territorio, independientemente de dónde se haya cometido el delito.

Es significativo que la convención asume literalmente la definición de mercenario del Protocolo adicional I, pero la amplía para incluir también a las personas reclutadas para realizar actos violentos destinados a derrocar a un Gobierno o a socavar el orden constitucional o la integridad territorial de un Estado. En este caso, no es necesaria la participación activa en un conflicto armado; basta con que de forma violenta y organizada se ataque las bases constitutivas de un Estado.

¿SON MERCENARIOS LOS CONTRATISTAS PRIVADOS?

Aunque habría que estudiar cada caso por separado, en términos generales, los contratistas cumplen cuatro de los criterios del Protocolo adicional I para ser mercenario: no pertenecen a ninguna de las fuerzas armadas en conflicto, no han sido enviados a la guerra en misión oficial por ningún Ejército nacional, buscan un provecho personal y reciben una retribución superior a la de los soldados.

Sin embargo, los trabajadores de las EMSP rara vez son contratados para combatir y, de hecho, no suelen tomar parte en las hostilidades. Debe recordarse que «hostilidades» tiene el significado de agresión armada, por lo que no basta con intervenir en una operación militar, hay que hacerlo combatiendo. Este requisito sirve para distinguir a un mercenario de un asesor militar.

Por otra parte, la gran mayoría de los contratistas tienen la nacionalidad de una de las partes en el conflicto, que es la que los contrata, o residen en el territorio en el que se desarrollan las operaciones. En ambos casos, quedan excluidos de la consideración de mercenarios. Por sintetizarlo, siempre que se cumpla el criterio de nacionalidad, un contratista que participa de forma directa en los combates y que ha sido contratado para ello es un mercenario.

Pensemos en los contratistas de Wagner en Ucrania, a quienes casi siempre se les ha señalado como mercenarios. Aunque no tengamos acceso a sus contratos, es evidente que fueron reclutados para combatir en la guerra y que participaron muy activamente en las hostilidades. También se sabe que recibieron una importante remuneración económica y que, en el caso de los presos, se les prometió el indulto presidencial. Por lo tanto, hubieran tenido la consideración de mercenarios si no fuera porque casi todos eran rusos y Rusia es una de las partes en el conflicto. De hecho, los Wagner en Ucrania deben ser tratados como combatientes legítimos, aunque no hayan cumplimentado el protocolo formal de incorporación a las fuerzas armadas rusas.

Algo parecido ocurre con los contratistas estadounidenses de Blackwater acusados de manejar drones de guerra contra objetivos de Al Qaeda en Afganistán. De confirmarse esta acusación, tampoco serían mercenarios porque su nacionalidad era la de una de las partes en conflicto. Esto no significa que no haya mercenarios entre los contratistas privados. De hecho, hemos visto algún ejemplo.

Uno de ellos es el de los Wagner en Libia, quienes cumplen todos los criterios: no pertenecían a las fuerzas armadas enfrentadas, fueron contratados para combatir, participaron en las hostilidades, es de suponer que lo hicieron por dinero y eran de nacionalidad rusa. El hecho de que Rusia no fuera parte en el conflicto libio marca la diferencia con la guerra en Ucrania. También vimos el caso de la uzbeka Malhama Tactical, una EMP yihadista que ha operado con regularidad en Siria y otros teatros de operaciones con presencia de Al Qaeda. Tanto los uzbekos de Malhama Tactical como los Wagner en Libia son ejemplos de contratistas mercenarios.

Los neomercenarios

Emplear el término «mercenario» para referirse a los contratistas militares privados es una útil simplificación del lenguaje que lo hace interesante y comprensible al público en general, pero puede ser incorrecto desde el punto de vista del derecho internacional. Para solventarlo, algunos autores prefieren usar la expresión «neomercenario», conscientes de que los contratistas no encajan del todo bien con la imagen del mercenario clásico y no solo por lo dicho hasta el momento.

A lo largo de la historia, los mercenarios han sido reclutados por los Gobiernos para combatir o proporcionar protección armada. La captación de estos combatientes se realizaba de forma directa o, en su caso, con la intermediación de los que serían sus comandantes sobre el terreno. En consecuencia, ellos y solo ellos eran responsables de sus actos. Por el contrario, los contratistas no pasan de ser asalariados de empresas privadas contratadas para apoyar operaciones militares, supuestamente sin participar en las hostilidades. Por otra parte, al haber potenciales ganancias económicas de por medio, en ocasiones surgen otros actores externos interesados en la financiación de las intervenciones neomercenarias, como ocurrió en las campañas en Angola y Sierra Leona de la desaparecida EMP sudafricana Executive Outcomes (EO). Esta presencia de empresas privadas y financiación externa suponen un hecho diferencial y restan protagonismo a la figura del paramilitar, sea o no mercenario.

El mercado de los servicios militares ha convertido en neomercenarias a las empresas que participan directamente en los combates, pues son ellas las contratadas para hacerlo y, como es lógico, tienen que asumir la responsabilidad que les corresponde. Por lo tanto, sus trabajadores también deben ser identificados como neomercenarios, pero entendiendo que este personal no se limita, ni mucho menos, a los contratistas. No solo el que dispara debe ser señalado con el dedo acusador; el resto de los empleados de las EMP implicadas en intervenciones neomercenarias es partícipe necesario de sus acciones.

Así, el término neomercenario va mucho más allá del contratista. También se refiere a las EMP, a sus propietarios y al personal de sus departamentos de dirección, administración, recursos humanos, etc. El mismo criterio debe emplearse con las entidades que facilitan la financiación de las EMP involucradas directamente en las hostilidades. En definitiva, mientras el derecho internacional no revise la figura del mercenario, que data de 1977, tendremos que seguir empleando el término neomercenario para referirnos a todas las partes no institucionales implicadas en la privatización de la guerra.

4
LAS EMPRESAS MILITARES PRIVADAS SEUDOGUBERNAMENTALES

Una de las cuestiones más preocupantes relacionadas con las empresas militares privadas es su potencial empleo como algo parecido a entidades estatales, aunque no lo sean. Muchas EMP, en particular las que prestan los servicios militares más especializados y comprometidos, solo trabajan para un único cliente: el Gobierno de su nación. Esta situación favorece que los Estados hagan un uso inapropiado y hasta impune de la violencia armada que solo a ellos les corresponde de forma legítima. Para argumentar esta afirmación recurriremos a los ejemplos de Blackwater y el Grupo Wagner, las dos empresas a las que hemos dedicado especial atención y conocemos suficientemente bien.

Blackwater y Wagner asumieron un gran riesgo desde el punto de vista empresarial: la sobreexposición a un único cliente que, en ambos casos, era el Gobierno de su respectiva nación. Esto significa que, en la práctica, operaron como agencias seudogubernamentales de Estados Unidos y Rusia. La fórmula resulta muy beneficiosa para ambas partes, siempre que no se produzcan contratiempos, en cuyo caso siempre será la empresa la que salga perdiendo. Es solo cuestión de tiempo que esto ocurra, tal y como se comprobó con las dos compañías, que terminaron pagando caro los riesgos asumidos. Veamos por qué.

Las EMP ponen a disposición de los Gobiernos un ejército privado de miles de contratistas, casi todos de su nacionalidad, en condiciones de cubrir las carencias de las fuerzas armadas nacionales o de actuar cuando estas no deban hacerlo. Aunque estos efectivos adicionales privados se deberían emplear exclusivamente en tareas de seguridad y apoyo a las operaciones, sabemos que no siempre ha sido así; tanto Blackwater como Wagner han participado de forma manifiesta en acciones de combate. Este uso irregular de los contratistas se ve favorecido por la sensación de impunidad que pueden tener algunos gobernantes cuando recurren a medios ajenos al Estado. Recordemos las palabras de Putin ante la Duma: «Un grupo de empresas militares privadas sería un instrumento eficiente para alcanzar objetivos nacionales sin implicar directamente al Estado ruso».

Por otra parte, el hecho de que solo tengan un cliente fundamental genera una relación de interdependencia entre EMP y Gobierno caracterizada por la subordinación de la empresa y la complicidad entre ambas partes. En el mercado de los servicios militares, este tipo de relación comercial tiene tres riesgos. El primero es común a toda compañía que se encuentre en la misma situación: su supervivencia depende de la facturación con un único cliente, por lo que cualquier contingencia de este arrastrará irremediablemente a la empresa. Recordemos que casi toda la facturación de Blackwater provenía de la CIA o de otras instituciones estatales y que el Grupo Wagner solo ha trabajado para Rusia, hasta tal punto que algunos analistas se cuestionaron si no era una división clandestina del GRU, el servicio de inteligencia militar ruso.

El segundo riesgo es una derivada del anterior. Como la supervivencia de la empresa depende de la contratación con un único cliente, estará dispuesta a hacer lo que sea necesario para satisfacer sus demandas y evitar que cambie de proveedor. Este riesgo es particularmente grave en el caso de las EMP, capaces de ejecutar las mismas acciones armadas que una unidad militar de combate, es decir, matar y destruir de forma planificada y organizada. Además, pueden hacerlo sin identificar su nacionalidad (sin bandera) o simulando que pertenecen a un Ejército de otro país (falsa bandera).

Los ejemplos son numerosos y muchos de ellos los ha protagonizado Wagner. Uno de ellos fue la participación directa en la guerra de Ucrania a partir de 2022 bajo bandera rusa, aunque sin dejar de enarbolar la de Wagner. Otro ejemplo, esta vez sin bandera, se dio a conocer en 2020 mediante un comunicado del Mando Militar de los Estados Unidos en África (AFRICOM) en el que se informó que aviones rusos sin identificación apoyaron a contratistas de Wagner en combates contra el ejército del Gobierno de Acuerdo Nacional de Libia reconocido por la ONU[120]. Este es uno de tantos casos en los que el Ejecutivo de Putin encargó a Wagner trabajos que no quería asignar al ejército nacional por considerarlos inapropiados o para ocultar la presencia institucional de la Federación Rusa. De hecho, llegaron a eliminar la identificación a los MiG-29 y Su-24 del Ejército del Aire ruso que realizaron el apoyo aéreo a los contratistas. Esta forma de actuar le permitió a Putin manifestar que, aunque hubiera ciudadanos rusos combatiendo en Libia, estos no representaban los intereses del Estado ruso[121]. Como vemos, algunos líderes siguen convencidos de que la contratación de EMP les habilita no solo para actuar al margen del derecho internacional, sino también para el ejercicio del más trasnochado cinismo político.

El tercer riesgo que asumen las EMP que solo trabajan para un cliente gubernamental es que, si se producen cambios políticos, pueden perder la protección que les brinda el Gobierno que las contrató. Blackwater y Erik Prince pueden dar buena fe de ello. Recordemos que en 2004 Blackwater empezó a colaborar con la CIA en la ejecución de operaciones encubiertas contra yihadistas en Afganistán. Eran tiempos del mandato presidencial del republicano George W. Bush y sus operaciones se mantuvieron en secreto y respaldadas por la Administración. Sin embargo, la situación cambió de forma radical en 2009 con la llegada del demócrata Barack Obama a la presidencia del país.

Una de las primeras decisiones del presidente Obama fue nombrar director de la CIA al demócrata Leon Panetta, quien no tardó en dar por concluidas las operaciones clandestinas de Blackwater. Unos meses después, en junio, Panetta presentó a los comités de inteligencia de la Cámara de Representantes y del Senado un informe confidencial que desvelaba las actividades irregulares de Blackwater. Desde el Partido Demócrata —o desde la propia CIA— se filtró el informe al *The Wall Street Journal* en un evidente movimiento para desprestigiar, no solo a la EMP, sino principalmente al Partido Republicano. El resultado de la filtración y de la campaña mediática posterior fue el rápido descalabro de Blackwater que, en poco más de un año, sufrió una profunda reestructuración, cambió dos veces de nombre, sustituyó a su director ejecutivo y, finalmente, fue vendida a un grupo de inversores.

Visto lo anterior, podemos afirmar que Blackwater actuó, al menos en parte, como una EMP seudogubernamental dirigida por la CIA. Sus operaciones encubiertas y contrarias a la ley fueron consecuencia de decisiones políticas del Gobierno de Estados Unidos. Esta situación experimentó un giro copernicano con la llegada al poder de Barak Obama, lo que significó el fin de la empresa tal y como operaba hasta entonces.

Si redirigimos el foco al Grupo Wagner, su estrecha relación con el régimen de Putin se asemejaba a la de Blackwater con la Administración Bush en el sentido que sus actividades, casi siempre contrarias al derecho internacional, estaban respaldadas y promovidas por el Gobierno ruso. De no haberse adelantado los acontecimientos por la rebelión de junio de 2023, es de suponer que cuando se hubieran producido cambios sustanciales en la dirección política de Rusia, el futuro de Wagner hubiera sido tan demoledor como lo fue el final de Blackwater. En cualquier caso, la muerte de Prigozhin y su plana mayor también significó el fin de la empresa. Aunque mantenga el nombre y parte de sus empleados, en el verano de 2023 Wagner dejó de ser una EMP al servicio de Putin para convertirse en un instrumento más o menos informal del Estado ruso.

Pero dejemos apartados estos inconvenientes y retomemos las ventajas. Otro beneficio de trabajar siempre con la misma empresa es que la colaboración permanente con el mismo ejército y el hecho de que la mayoría de los contratistas privados sean exmilitares refuerzan el conocimiento mutuo y crean una confianza invaluable en las operaciones militares, sobre todo si son clandestinas. Esta confianza hizo posible, por ejemplo, que cientos de contratistas de Wagner intervinieran sobre el terreno en las batallas de Palmira (Siria) de 2016 y 2017 en estrecha colaboración con la aviación y las unidades de operaciones especiales rusas, además de con el ejército sirio. También hemos visto que en Libia la aviación militar rusa, esta vez sin bandera, realizó acciones de apoyo aéreo próximo a contratistas de Wagner que combatían en tierra. Estas operaciones conjuntas son de difícil ejecución y requieren, aparte de un buen planeamiento y coordinación, medios interoperables y procedimientos contrastados. Salvo en casos excepcionales, solo las ejecutan tropas bien entrenadas y con alto grado de conocimiento mutuo porque cualquier mínimo error puede producir bajas por fuego amigo.

En definitiva, las EMP que trabajan en exclusiva para el Gobierno de su nación funcionan de forma similar a como lo haría una agencia estatal o una empresa pública, con la diferencia de que el Ejecutivo no asume ningún compromiso permanente y puede desligarse de la compañía cuando quiera. Así las cosas, la supervivencia de la empresa militar depende de su capacidad para mantener a su único cliente, por lo que se verá obligada a prestar cualquier tipo de servicio que le pidan. Mientras los funcionarios pueden negarse a realizar actividades contrarias a la ley sin que eso suponga poner en peligro su puesto de trabajo, las EMP con cliente único negocian sus contrataciones desde una posición de debilidad. En esta situación, para forzar a las EMP a participar en las hostilidades solo se necesita un Gobierno poco respetuoso con el derecho internacional y convencido de su impunidad por las acciones que realicen agentes no estatales.

5
Las empresas militares privadas en la guerra tecnológica

El mercado de los servicios militares lleva décadas en continua expansión. Desde el final de la guerra fría, prácticamente ninguna operación militar de envergadura se planea sin contar con el apoyo de las empresas privadas y su legión de contratistas. Los motivos son bien conocidos.

Por una parte, la reducción generalizada de los ejércitos, unida a la acumulación de misiones internacionales de seguridad, hace que los efectivos militares disponibles sean insuficientes para responder con garantías a los requerimientos estatales. Por otra parte, las empresas privadas del sector reúnen las condiciones necesarias para asumir muchas de las actividades que contribuyen al éxito de las operaciones, incluidas algunas tan determinantes como las de seguridad, inteligencia, logística, comunicaciones o apoyo a la decisión. Además, en caso de «necesidad», algunas compañías privadas no tienen ningún reparo en saltarse la ley y actuar de forma clandestina o implicarse directamente en acciones de combate, en muchas ocasiones, violando los derechos humanos y la dignidad de las personas. Esto último solo es posible por la existencia de Gobiernos irrespetuosos con el derecho internacional que demandan este tipo de servicios.

Un síntoma de que el mercado de los servicios militares y de seguridad armada mueve elevadísimas sumas de dinero es lo atractivo que se ha vuelto para las grandes corporaciones, que no solo utilizan los servicios de las EMSP, sino que las compran. Academi, la heredera de Blackwater con más de veinte mil trabajadores, pertenece a la compañía de gestión de riesgos no financieros Constellis Holdings, cuya actividad mercantil se extiende más allá del ámbito de los servicios militares y de seguridad. Algunas de sus empresas, por ejemplo, se dedican al sector de los seguros, la diplomacia, las relaciones internacionales o la logística operativa. A su vez, Constellis es propiedad de Apollo Global Management, un fondo de inversión que gestiona activos orientados a inversores familiares y para la jubilación. Nada que ver con contratistas privados y operaciones militares. Apollo, Constellis y Academi son solo un ejemplo del poder económico que se mueve detrás de muchas EMSP y que, lógicamente, no dejará pasar la oportunidad de incrementar sus beneficios ampliando el mercado de sus empresas.

En la actualidad, las nuevas tecnologías están irrumpiendo con fuerza en todos los ámbitos de la sociedad y las guerras no son una excepción, todo lo contrario. Las innovaciones tecnológicas se están produciendo a velocidad de vértigo y extienden sus aplicaciones a todo el campo militar, muchas veces por delante de la capacidad de adaptación y preparación de los ejércitos. Esta situación creará nuevas necesidades operativas que, en buena parte, serán cubiertas por las EMP que tengan músculo financiero suficiente y sean capaces de ofrecer los nuevos servicios militares tecnológicos que demandarán las fuerzas armadas.

Para satisfacer la demanda del mercado de las nuevas tecnologías con aplicación militar, las EMSP incorporarán divisiones tecnológicas o, directamente, surgirán EMSP tecnológicas bajo el paraguas de las grandes corporaciones. Al mismo tiempo, el perfil del contratista privado podrá mostrar la típica imagen del tipo rudo y bien armado que estamos acostumbrados a ver o la de un pulcro trabajador de cuello blanco que maneja medios tecnológicos. Para entender mejor la importancia de las nuevas tecnologías en el ámbito militar, nos detendremos en echar un vistazo a las que tienen mayor potencial disruptivo en la guerra moderna.

LAS NUEVAS TECNOLOGÍAS EN LOS CONFLICTOS ARMADOS

La práctica totalidad de las nuevas tecnologías están presentes en los conflictos armados actuales, pero no todas tienen la misma capacidad de influencia. Hoy, las tecnologías nuevas o emergentes con mayor potencial para cambiar el paradigma de la guerra son los misiles de crucero hipersónicos, las armas láser y otras formas de energía dirigida, las plataformas no tripuladas teledirigidas y la inteligencia artificial (IA). Por supuesto, hay otras tecnologías relacionadas con el espacio, las telecomunicaciones o el ciberespacio que también serán determinantes en los conflictos armados, pero nos centraremos en las que tienen aplicación directa en los combates.

Los misiles de crucero hipersónicos son armas ofensivas que influirán notablemente en la seguridad internacional por su gran capacidad de disuasión, ya que, por su trayectoria no balística y velocidad superior a cinco veces la del sonido, son casi invulnerables a los actuales sistemas de defensa antimisil. Por si esto fuera poco, pueden portar cabezas nucleares. Aún es una tecnología experimental y de aplicación específica militar que solo China, Rusia y Estados Unidos han probado, al parecer, con éxito. A pesar de su carácter experimental, el Ministerio de Defensa ruso afirmó haber empleado estos misiles, modelo Kinzhal, sobre un objetivo militar en la población ucraniana de Deliatin, el 18 de marzo de 2022[122].

Las armas láser y otras formas de energía dirigida tienen una aplicación de naturaleza defensiva. Este armamento utiliza tecnología aún en desarrollo y al alcance de pocas potencias militares, como son las tres anteriores e Israel. De entre sus variedades, los láseres de aplicación militar son, principalmente, los de estado sólido y los químicos. Estos últimos han tenido problemas de desarrollo porque su peso y corrosividad los hacen poco recomendables para emplearlos desde plataformas aéreas. El armamento láser influirá en la forma de combatir por su eficacia y eficiencia o, dicho de otro modo, por el bajo coste de cada «disparo» y por no tener problemas con la logística de las «municiones».

Los misiles hipersónicos y las armas láser son tecnologías militares sin aplicación directa en el ámbito civil. Hay que tener en cuenta que, aunque el láser está muy consolidado en muchos campos, su uso como armamento requiere desarrollos tecnológicos novedosos. Por otra parte, tanto uno como otro, son armas compatibles con las otras dos tecnologías disruptivas: los vehículos no tripulados y la IA. Así, por ejemplo, un vehículo aéreo, pilotado por un operador externo o por un sistema de IA, podría ser la plataforma para el lanzamiento de un misil hipersónico.

Los vehículos no tripulados pilotados a distancia por un operador humano son plataformas terrestres, aéreas y navales de superficie o submarinas; son los conocidos popularmente como drones. Su campo de aplicación abarca acciones de combate, inteligencia, vigilancia y reconocimiento, logística, desactivación de explosivos, etc. Solo las plataformas aéreas —bien desarrolladas y relativamente baratas— se han empleado con profusión y éxito en conflictos armados como los de Siria, Libia, Nagorno Karabaj y Ucrania. En pocos años también se destinarán plataformas terrestres y navales para realizar todo tipo de tareas en los teatros de operaciones militares[123].

La IA tiene un enorme potencial para mejorar casi cualquier aspecto de la vida, en particular, para optimizar procesos concretos y dar respuestas automáticas y más rápidas y precisas que las de un ser humano. Junto con la fusión nuclear y la computación cuántica forma el trío de tecnologías con mayor capacidad de transformación social, económica, política y militar. Estas tres tecnologías darán el poder mundial a quien las domine, si es que esto ocurre, pero en la actualidad solo la IA se consolida como un factor disruptivo para la configuración de una nueva etapa en las relaciones internacionales, ya que es la única bien afianzada y la que más rápido está evolucionando[124]. La IA se caracteriza por lo que podríamos llamar la triple A:

- Autonomía. Capacidad para realizar una tarea sin intervención de ningún operador externo, ya sea humano u otra máquina.
- Adaptabilidad. Capacidad de actuar en función de las circunstancias, en entornos no estructurados e incluso hostiles. Como ejemplo, una máquina embotelladora de vino funciona con un programa informático que le confiere autonomía para realizar su tarea en un entorno fuertemente estructurado, sin cambios en la botella, volumen, tapón, etiqueta, etc. No se adapta a ninguna circunstancia cambiante porque no las hay y, por lo tanto, no es un sistema de IA.
- Aprendizaje. Los sistemas de IA necesitan una cantidad ingente de datos (*big data*) para llevar a cabo su aprendizaje o entrenamiento, además de para su testeo y validación. Una vez entrenada, la IA puede seguir aprendiendo de los resultados de sus acciones.

La IA y los vehículos pilotados remotamente (drones) han cambiado la dinámica que ha protagonizado gran parte de los avances tecnológicos durante las últimas décadas, dinámica que consistía en que una investigación militar daba como resultado colateral una aplicación civil no buscada inicialmente.

Algunos conocidos ejemplos de aplicaciones civiles deudoras de investigaciones en el ámbito de la defensa son la energía nuclear, el sistema de posicionamiento global GPS, Internet y la óptica adaptativa, desarrollada para las armas láser en la década de los ochenta del siglo pasado y liberada diez años después por la Administración estadounidense para ser empleada en el ajuste de telescopios.

Sin embargo, la IA y los drones son desarrollos civiles a los que se les ha encontrado aplicaciones militares. Este tipo de tecnología se conoce como de doble uso, y su importancia trasciende la clasificación tipológica. De hecho, tiene repercusiones directas en el paradigma de los conflictos armados porque toda tecnología civil es comercial y, por lo tanto, accesible. Así, solo tres países en el mundo disponen de misiles de crucero hipersónicos (tecnología militar), pero cualquier país, por pequeño que sea, tiene acceso a los sistemas de IA (tecnología de doble uso).

Veamos un ejemplo de tecnología comercial civil con aplicaciones militares. La compañía norteamericana Planet Labs tiene en órbita una constelación de cientos de satélites de observación terrestre, entre los que destaca la flota SkySat, con capacidad de fotografiar en alta resolución un determinado lugar hasta diez veces al día. Desde 2023 Planet Labs opera una constelación de satélites Pelican, con capacidad de fotografiar y transmitir en tiempo real posiciones terrestres hasta treinta veces al día. La resolución de los SkySat y Pelican (cincuenta y treinta cm/píxel, respectivamente) es inferior a la de los satélites espías americanos, chinos o rusos, pero puede satisfacer muchas necesidades operativas militares. Las fotos de alta resolución de Planet Labs están a disposición de sus clientes potenciales, entre los que se encuentran los Gobiernos que no quieren o no pueden poner en órbita sus propias constelaciones de satélites espías.

Hay muchos más ejemplos que nos muestran lo sencillo que resulta adquirir tecnologías de doble uso. Baste recordar la guerra de Nagorno Karabaj que tuvo lugar en otoño de 2020 y en la que un país como Azerbaiyán —la economía 89 del mundo— derrotó en mes y medio al bando armenio haciendo un uso sistemático de los vehículos aéreos de combate pilotados remotamente que había comprado a Turquía e Israel. En el caso de la IA, la combinación de la accesibilidad a los datos (fotos de Planet Labs) y la tecnología de IA para procesarlos y obtener resultados tendrán enormes posibilidades en el campo militar y civil.

Ciñéndonos a los conflictos armados, la IA tiene tres áreas de aplicación preferente:

- El campo de batalla: automatización de la guerra, logística, ayuda a la decisión, mantenimiento predictivo, sistemas de armas autónomas letales (robots inteligentes de combate)...
- La información: campañas de influencia y desinformación, ejércitos de *bots* al servicio de la difusión en el ciberespacio, reconocimiento facial automático, *software* espía...
- La seguridad: seguimiento de tropas y vehículos, identificación de personas, control de accesos...

A pesar de sus posibilidades y gran versatilidad, los sistemas de IA todavía no han tenido todo el protagonismo que se podría esperar en los conflictos armados. En la guerra de Ucrania, por ejemplo, el uso de la IA se ha restringido a determinadas áreas relacionadas con la seguridad, la información y la desinformación. Sin embargo, no se han tenido noticias de acciones ejecutadas por Rusia con sistemas de armas autónomas letales, esto es, por robots inteligentes de combate manejados mediante sistemas de IA sin intervención humana.

Los motivos para no emplear estos medios en el campo de batalla pueden ser muy variados, pero hay dos con un peso determinante: la vulnerabilidad y la imprecisión. Contra lo que se cree generalmente, los sistemas de IA son muy vulnerables a los ataques deliberados. No somos muy conscientes de esta debilidad porque la IA que manejamos a diario en el trabajo o en nuestro tiempo libre no está sometida a las agresiones propias de un entorno hostil como es el de la guerra. La realidad es que se pueden obtener resultados erróneos de un sistema de IA manipulando o envenenando datos o realizando ataques informáticos.

El otro gran problema de la IA en el campo de batalla —y en cualquier otro ámbito sensible— es la imprecisión en algunos de sus automatismos. De nuevo, tendemos a pensar que la IA es extremadamente precisa, pero esta percepción se debe a que nuestras expectativas no son muy altas. Lo cierto es que el porcentaje de precisión de un sistema de IA puede ser más que suficiente para escribir un artículo, recomendar un producto o hacer una previsión de ventas, pero es insuficiente para automatizar decisiones irreversibles como la de amigo/enemigo, inocente/culpable o vida/muerte.

En todo caso, y a pesar de las actuales limitaciones, es solo cuestión de tiempo que las tecnologías de doble uso, incluida la IA, se incorporen a la gama de servicios militares ofrecidos por las EMP que, con total seguridad, experimentarán un importante crecimiento.

La proliferación de las empresas militares privadas tecnológicas

No tardaremos mucho en ser testigos de la proliferación de empresas militares privadas con capacidad para operar sistemas de tecnología civil con aplicación directa en los conflictos armados. Hemos visto cómo la compañía norteamericana Planet Labs vende imágenes satelitales que pueden ser una herramienta fundamental para el planeamiento y conducción de operaciones militares. Aunque Planet Labs no es una EMP, una compañía así podría crear una división específicamente dedicada al mercado de la defensa o podría ocurrir que una EMP con suficiente capacidad financiera adquiriera una empresa de satélites como esta para ampliar su oferta de servicios militares.

Los satélites son solo una muestra de lo que sucederá a medio plazo de forma generalizada. En Ucrania ya ha empezado a vislumbrarse esta dinámica con el empleo de sistemas de inteligencia artificial. Como sabemos, el aprendizaje automático de la IA requiere una enorme cantidad de datos de entrenamiento y testeo. Pues bien, Estados Unidos ha aprovechado el teatro de operaciones ucraniano para recopilar los datos que necesita para entrenar, testar y validar sus sistemas militares de IA. El Pentágono ha utilizado herramientas de IA y el aprendizaje automático para analizar los datos obtenidos en Ucrania con la finalidad última de generar inteligencia operativa útil en el campo de batalla y aprender sobre las tácticas y estrategias de Rusia[125].

Por supuesto, parte de la inteligencia elaborada por estas herramientas se ha cedido al Ejército ucraniano para ayudar a los comandantes militares en la toma de decisiones, al parecer con bastante éxito. En este sentido, Maynard Ansley Holliday, director de Investigación e Ingeniería de Defensa para la Modernización del Departamento de Defensa, considera que, aunque no podamos verlo, las herramientas de aprendizaje automático militares norteamericanas tienen el potencial de cambiar el curso de los conflictos[126].

Más allá del apoyo a Ucrania, el objetivo del Departamento de Defensa estadounidense es que la información recopilada sirva para simular decenas de miles de escenarios de guerra contra Rusia y China. En estos juegos de guerra, redes neuronales artificiales combatirán una y otra vez para predecir los movimientos enemigos y anticiparse a ellos, como hizo Deep Blue contra el campeón mundial de ajedrez ruso Garry Kaspárov en 1996. Por lo tanto, el conflicto ucraniano le ha servido a Estados Unidos para preparar un futuro enfrentamiento, directo o delegado, con Rusia y China.

Al parecer, todo indica que Estados Unidos también ha utilizado sistemas de IA para obtener información táctica monitorizando las comunicaciones militares en el campo de batalla y las conversaciones telefónicas particulares de los soldados rusos. La intervención telefónica puede parecer relativamente sencilla de realizar, pero se necesita IA y una enorme capacidad de procesamiento de datos para conseguir información relevante y oportuna de decenas de miles de conversaciones intervenidas.

A nadie se le escapa que estas actuaciones realizadas con sistemas de IA avanzados no son posibles sin la participación de empresas civiles del sector y de sus mejores técnicos. Ni siquiera el Ejército más competente dispone de medios y personal con la preparación necesaria para ejecutar desarrollos de última generación con tecnologías emergentes, ya sea de IA, automatización, robótica o seguridad cibernética. Los militares juegan un papel fundamental en la dirección y coordinación de los proyectos que adaptan estas tecnologías a las necesidades del campo de batalla, pero ni están capacitados para llevar a cabo su desarrollo, ni posiblemente sean los operadores mejor cualificados para manejar los nuevos sistemas durante los primeros años de implantación.

El papel de los militares es otro. Interpretan las decisiones políticas para transformarlas en planes estratégicos y órdenes de operaciones. Planean, dirigen y ejecutan las operaciones militares. Conocen mejor que nadie el medio, las necesidades operativas, las tácticas y estrategias propias y del enemigo y los procedimientos operativos, logísticos o de inteligencia. Manejan armamento y explosivos, plataformas de combate, sistemas de telecomunicaciones y todo tipo de equipos y material bélico. Sin embargo, necesitan ayuda y colaboración para operar medios tecnológicos de última generación de la misma forma que lo haría un experimentado operario civil. Los sistemas de armas autónomas letales son un buen ejemplo que nos permite comprender mejor estas limitaciones y por qué asistiremos a la irrupción de EMP tecnológicas.

El caso de los sistemas de armas autónomas letales

La guerra de Ucrania ha sido el escenario que ha presentado al gran público las capacidades de los drones de combate teledirigidos, esos artilugios voladores que lanzan proyectiles —o se precipitan ellos mismos— sobre objetivos que saltan por los aires. Aunque los hay terrestres y navales, casi todos los drones militares que vemos en televisión y en las redes sociales son aéreos, sencillamente porque son los más desarrollados en la actualidad. Estos aparatos, que se pilotan a distancia por un operador humano, emplean una tecnología muy consolidada y son relativamente económicos y sencillos de manejar.

Tecnológicamente muy por encima de los drones militares se sitúan los robots inteligentes de combate, que responden al nombre técnico de sistemas de armas autónomas letales (SAAL). Estas máquinas están operadas por sistemas de IA y, por tanto, funcionan sin necesidad de control humano. Recordemos que una de las características de la IA es su capacidad para actuar de forma autónoma, lo que en el caso de los SAAL plantea cuestiones éticas gravísimas ante el panorama de una máquina inteligente decidiendo cuándo, dónde, cómo y a quién matar. Y lo peor de todo es que, aunque aún no se hayan empleado en combate, los robots inteligentes de guerra son una realidad a disposición de las grandes potencias militares.

Pues bien, una vez sabido de qué hablamos, veamos los elementos de juicio expuestos en el libro *La guerra de los robots* y que apuntan a que en un futuro no muy lejano se va a producir una proliferación de empresas militares privadas con capacidad tecnológica para operar sistemas de armas autónomas letales[127].

Primer elemento de juicio: materia prima accesible. Los robots se fabrican con materias primas comunes, asequibles y relativamente baratas. Cualquier país puede conseguir los componentes básicos para construir robots y armas para hacerlos letales. Además, estos componentes y materiales no están sujetos a controles o regulaciones que limiten su fabricación y comercialización. No estamos ante un caso comparable al del armamento nuclear, para cuya construcción se necesita uranio altamente enriquecido, un elemento producido por muy pocos países en el mundo, que es difícil de obtener y que únicamente sirve para la fabricación de armamento y para la propulsión nuclear marítima.

Segundo elemento de juicio: tecnología disponible. La tecnología de los robots inteligentes es de uso civil con aplicación militar. El enorme mercado mundial de la tecnología comercial la convierte en un bien relativamente asequible, hasta el punto de que es más sencillo y económico construir un SAAL aéreo que un avión de combate moderno. Admitiendo la simplificación del argumento, para fabricar un robot militar bastaría con disponer de un vehículo de conducción autónoma, una IA de reconocimiento de imágenes, un sistema de geolocalización, un telémetro láser y el armamento adecuado. Toda esta tecnología, que en su momento fue cara y novedosa, ahora no lo es tanto.

La tecnología de doble uso, por lo tanto, permite a las empresas tecnológicas aprovechar su conocimiento para desarrollar robots militares. Así, la compañía iRobot, fabricante del famoso robot aspiradora Roomba, tuvo una división de defensa y seguridad que desarrollaba drones terrestres militares, de seguridad pública y de manejo de materiales peligrosos. En 2016 iRobot vendió esta división al fondo de inversión Arlington Capital Partners por unos cuarenta y cinco millones de dólares.

Tercer elemento de juicio: la robótica disminuye las bajas propias. Esto es muy importante desde el punto de vista político, social y de gestión del riesgo. Uno de los grandes beneficios de la robótica es que libera a los humanos de tener que realizar las labores más duras, pesadas y peligrosas. El personal encargado del funcionamiento de los robots se mantiene ajeno al riesgo del combate, como si estuviera llevando a cabo cualquier trabajo de naturaleza civil. En estas circunstancias no es estrictamente necesario que dichos operarios sean militares, ya que ni combaten ni ponen en riesgo su vida.

Además, se podría argumentar que los contratistas que trabajan con los robots militares autónomos, es decir, los encargados del mantenimiento, programación y supervisión, no participan de forma directa en el combate. Según esta polémica visión, la máquina es la encargada de luchar, mientras que los contratistas realizan labores de apoyo y, por lo tanto, sus servicios entrarían dentro de lo que pueden ofertar las EMP sin violar el derecho internacional.

Cuarto elemento de juicio: no hace falta preparación militar para operar SAAL. El robot inteligente de combate puede cumplir la misión de forma autónoma. Por ello, sus operarios no necesitan dominar las técnicas del tiro, el camuflaje, la lucha cuerpo a cuerpo, el reconocimiento armado o el patrullaje. Tampoco tienen que saber pilotar un caza, conducir un carro de combate o maniobrar un buque de guerra. Para realizar su trabajo no es preciso tener una buena condición física, resistencia a la fatiga o capacidad de aguantar el dolor y de soportar el hambre, la sed y otras penurias del combate. Ni siquiera tienen que estar adiestrados para sobreponerse al estrés del combate o al miedo a morir.

Ninguna de estas destrezas propias de los soldados bien preparados es necesaria para manejar los robots militares; un excelente operario de armas autónomas o teledirigidas no tiene por qué estar capacitado para el combate. Sin duda, es conveniente o incluso imprescindible que la supervisión de las acciones de los robots de combate esté a cargo de militares familiarizados con la misión, los objetivos, la inteligencia operativa y demás elementos que determinan el éxito de las operaciones. Pero esto no significa que los especialistas en estas máquinas tengan que ser necesariamente militares.

Último elemento de juicio: las EMP ya existen. Las EMP tienen una importante presencia en la práctica totalidad de los conflictos armados, están muy bien implantadas y han demostrado una extraordinaria capacidad de adaptación a las necesidades de los Gobiernos contratantes. Así las cosas, no será necesario la creación de nuevas EMP tecnológicas, puesto que las empresas existentes podrán crear divisiones tecnológicas para incorporar a su oferta servicios de robots militares.

Una vez que las EMP tecnológicas demuestren su capacidad para operar robots inteligentes, los Gobiernos les encomendarán misiones no letales, como las logísticas, de inteligencia y reconocimiento. En ese momento se habrán creado las condiciones necesarias para que el sector privado pueda llevar a cabo las acciones letales con armamento autónomo que no quieran o no deban hacer los ejércitos nacionales. Los antecedentes indican que será muy probable que esto ocurra.

El problema de la privatización de la guerra tecnológica

Todo apunta a que el desarrollo de las nuevas tecnologías impulsará la creación de EMP tecnológicas a las que se externalizarán acciones de apoyo a las operaciones militares, pero también otras que impliquen la participación en las hostilidades. Los contratistas tecnológicos, que tendrán un perfil altamente cualificado, podrán participar en los combates sin estar presentes de forma física y, por tanto, sin necesidad de tener entrenamiento militar específico. Este aspecto les diferenciará notablemente de los contratistas privados que estamos acostumbrados a ver, esos que posan ante las cámaras con sus armas ligeras en actitud desafiante, tan guerreros como el que más. Nos encontraremos ante una forma más «civil» y aséptica de hacer la guerra, en particular cuando se empleen las tecnologías que permiten alejar al atacante de su objetivo, entre las que destacarán la IA, la robótica y la aeroespacial.

Las nuevas tecnologías acelerarán el proceso de privatización de la guerra y ampliarán su marco de actuación, sobre todo en las operaciones de los países más habituados a contar con los servicios de las EMP. Hasta la irrupción del Grupo Wagner en Ucrania y Mali, estas empresas y los Gobiernos que las contratan siempre habían asegurado que no toman parte en las acciones de combate y que se limitan a realizar tareas de apoyo logístico, seguridad, escolta, vigilancia y adiestramiento especial. Sin embargo, sabemos que hay muchos indicios que apuntan a que Wagner no ha sido la única EMP que ha participado en las hostilidades de forma más o menos encubierta por encargo de los Estados contratantes.

Si esto ocurre en las condiciones actuales, en las que los contratistas privados militares están expuestos a los peligros del combate, es lógico que las EMP tecnológicas, una vez liberadas de esa amenaza, amplíen su gama de servicios militares hasta donde sea necesario. Los motivos ya están apuntados. En primer lugar, porque la robótica, el control remoto o la IA disminuyen el riesgo de sufrir bajas propias. En segundo lugar, porque la cualificación necesaria para operar tecnologías emergentes, incluidos los robots inteligentes, no requiere una preparación militar específica, ni siquiera en situaciones de combate. Y, tercero, porque las empresas tecnológicas dispondrán de personal mejor capacitado y con mayor estabilidad profesional que la que es habitual entre los militares.

Así las cosas, los problemas de la desmilitarización de la guerra tecnológica no harán más que multiplicarse. No se trata solo de que el uso de tecnología letal esté en manos de funcionarios civiles —la CIA emplea drones armados para eliminar objetivos— o de operarios de una empresa privada de confianza. El problema más grave es que las compañías privadas se gestionan según criterios comerciales y no sería de extrañar que alguna eluda el control efectivo de la Administración de turno para convertirse en mercenarios tecnológicos al servicio de todo tipo de clientes, incluidas las organizaciones que suponen una amenaza a la seguridad internacional.

En definitiva, los sistemas de armas autónomas y otros servicios de tecnologías letales pueden satisfacer las demandas de un mercado maligno ajeno al ámbito estatal. Una vez fuera del control de los Gobiernos, estos servicios estarán a disposición de las organizaciones terroristas, la delincuencia organizada y los señores de la guerra. Incluso dentro del ámbito estatal, la tecnología letal podrá ser empleada por dictaduras, gobernantes represores, regímenes totalitarios, déspotas y Estados fallidos.

Reflexiones finales

La privatización de la guerra

La seguridad y la defensa nacional son servicios públicos esenciales y de emergencia; «esenciales» porque pueden condicionar la supervivencia del Estado y «de emergencia» porque dan respuesta a situaciones de amenaza, riesgo o agresión exterior que atentan directamente contra la población. Su salvaguardia es tan decisiva que los Estados siempre se reservan su titularidad y, en la medida de lo posible, también deberían reservarse su gestión. En otras palabras, el ejercicio de la seguridad y la defensa nacional debe corresponder principalmente a los poderes públicos, no solo por su importancia capital, sino porque se materializa con medidas coercitivas y, llegado el caso, con el uso de la fuerza letal. Pese a ello, se ha generado una propensión global tendente a externalizar en el sector privado parte de las tareas propias de estos servicios públicos vitales para el Estado.

Por las implicaciones que tiene, deberíamos tener presente la diferencia entre servicios de seguridad y servicios militares y, por tanto, entre empresas de uno u otro tipo. También es fundamental dar un tratamiento separado a las actividades que se ejecutan en zonas de operaciones militares de las que se desarrollan en tiempo de paz o en un territorio que no está sometido a las vicisitudes de la guerra.

Los servicios de seguridad son de naturaleza civil y, en condiciones normales, no tienen ninguna repercusión en el derecho internacional humanitario, puesto que la seguridad, aunque sea armada y se preste en zona de operaciones, no conlleva la participación ni el apoyo a los combates. Por otra parte, aunque se han dado casos como el de Blackwater en Irak, la ejecución de los servicios de seguridad en los teatros de operaciones no suele atentar contra la dignidad de las personas ni ocasionar violaciones de los derechos humanos. En realidad, no debería haber gran diferencia entre el servicio de seguridad suministrado en tiempo de paz o de guerra, más allá del nivel de alerta o de la cantidad de medios empleados.

Sin embargo, los servicios militares que se prestan en zonas de operaciones, de una u otra forma están estrechamente ligados con los combates. Si no es así, si se realizan en tiempo de paz o en un territorio que no está en guerra, lo habitual es que estos servicios se centren en el desarrollo de capacidades logísticas o en algún tipo de entrenamiento especial. Así, la compañía AirTanker proporciona a la Royal Air Force británica el servicio de reabastecimiento en vuelo y parte del transporte aéreo militar, mientras que Air USA entrena a pilotos militares de Estados Unidos. En ambos casos, sus actividades son irrelevantes desde el punto de vista de los derechos humanos y el derecho internacional humanitario. Diametralmente opuestos son los servicios militares que se llevan a cabo en zonas de operaciones porque, aunque se limiten a ejecutar acciones de apoyo al combate, la experiencia nos dice que es muy habitual que los contratistas terminen participando de una u otra forma en las hostilidades. El Grupo Wagner y otras empresas militares privadas son un claro ejemplo de ello.

Por lo tanto, el gran problema de la externalización de las actividades relacionadas con la seguridad y la defensa nacional reside principalmente en la privatización de la guerra, esto es, de los servicios militares prestados en las zonas de operaciones militares. Esta debería ser la prioridad número uno de los poderes públicos en este contexto y desde un punto de vista de respeto al ser humano, a su dignidad, sus derechos y valores. La contratación de otros servicios, incluidos los de seguridad armada, también es de vital importancia, pero tiene sus propias características y requiere un trato diferente por parte del Estado.

La responsabilidad del Estado

La única razón por la que hay empresas militares privadas involucradas en los conflictos armados es porque los Estados las contratan. En este caso, podemos afirmar sin temor a equivocarnos que la demanda ha creado la oferta. Las ONG, las grandes corporaciones y el resto de entidades no estatales presentes en los territorios en guerra no están interesadas en los servicios estrictamente militares. Se limitan, como mucho, a contratar servicios de seguridad armada, es decir, de vigilancia, guardia y protección que les permita realizar sus actividades con el menor riesgo posible.

A este respecto, los Gobiernos nacionales y la comunidad internacional no solo son responsables de hacer cumplir el derecho internacional, regular el mercado de la guerra y poner fin a la falta de transparencia que le caracteriza; también deberían limitar la contratación de las EMP a lo estrictamente imprescindible. De no hacerlo así, estarían delegando en manos privadas una de las funciones más privativas del Estado como es el monopolio del uso legítimo de la fuerza para garantizar la supervivencia de la nación.

Los cuerpos de seguridad y las fuerzas armadas son los principales instrumentos con los que cuenta el Estado para ejercer la violencia legítima. Cuando los policías y los militares no son suficientes o capaces para llevar a cabo determinadas tareas, los Gobiernos pueden autorizar el empleo de medios privados. Así, el uso de la fuerza ejercido por un agente de seguridad privado o la violencia empleada por un particular en legítima defensa solo pueden estar autorizadas por ley en tanto que el Estado es quien delega la capacidad para usar la fuerza. De la misma manera, las EMP solo pueden hacer uso del armamento en las condiciones que establece el derecho internacional humanitario y las leyes nacionales de cada país.

Por lo tanto, la responsabilidad última por las actuaciones de las EMP y los contratistas privados reside en los Estados. Son ellos los comprometidos con el derecho internacional, los que legislan y ejecutan las leyes nacionales, los que deben proteger los derechos humanos y la dignidad de las personas, los que tienen la obligación de aplicar el derecho internacional humanitario y los que, en última instancia, contratan los servicios de las EMP.

La prioridad de las fuerzas armadas

La eficiencia de costes es uno de los principales argumentos que se esgrimen para defender la conveniencia de externalizar determinadas funciones militares que tradicionalmente han formado parte de los cometidos de las fuerzas armadas. También suele argumentarse la insuficiencia de capacidades operativas en un contexto de reducción de efectivos militares al tiempo que aumentaba el número de misiones en el exterior y se reducían los presupuestos de defensa. A esta tormenta perfecta, en los últimos años se ha sumado la irrupción de nuevas tecnologías cuya aplicación militar requiere del empleo de medios, personal y equipos no siempre disponibles en las fuerzas armadas. Tormenta pluscuamperfecta.

Por lo tanto, ya sea por disminuir costes o por cubrir las carencias operativas de los Ejércitos nacionales, los responsables políticos han visto en la contratación de empresas privadas una fórmula eficaz para responder a los compromisos de seguridad sin comprometer más recursos públicos. Sin embargo, y de acuerdo con la opinión del Parlamento Europeo, la externalización de servicios militares debería ser un instrumento excepcional orientado a solventar las insuficiencias de los medios estatales.

En este sentido, su implementación debería tener un carácter complementario y limitarse al corto plazo, en tanto que se subsanan los problemas que hayan originado la contratación externa de servicios. Esto significa que la solución definitiva a las carencias operativas de las fuerzas armadas debe orientarse al incremento de sus capacidades hasta hacer innecesaria la contratación privada. De esta manera, el Estado retendría, en la medida de lo posible, la gestión de la seguridad y la defensa de la nación, así como el monopolio del uso legítimo de la fuerza.

Criterios para la externalización de servicios militares

Visto lo anterior, la conveniencia política nunca debería ser admitida como único argumento para la contratación de empresas militares privadas. La historia es tozuda y nos dice que, cuando esto ha ocurrido, los líderes políticos pretendían evitar cualquier tipo de limitación en el uso de las fuerzas armadas, casi siempre con fines oscuros. En ocasiones, se ha buscado vencer la posible falta de apoyo popular a la participación nacional en un conflicto o de sus ejércitos en las hostilidades. Otras veces, lo que se ha pretendido es esconder a la opinión pública y a la comunidad internacional la participación del Estado en un conflicto armado o el apoyo a una de las facciones. A veces, se han contratado EMP para que los contratistas hicieran determinados trabajos «sucios» que no debían hacer los militares. En fin, siempre que se ha contratado una EMP por conveniencia política, sin que hubiera una necesidad operativa, su finalidad ha sido poco confesable. Nada indica que esto vaya a cambiar en el futuro.

En consecuencia, los criterios para la externalización de servicios militares en los conflictos armados deberían ser la excepcionalidad, la temporalidad y la complementariedad. La excepcionalidad porque solo se deberían contratar EMP para suplir una carencia operativa derivada de la falta de capacidad o de efectivos. La temporalidad porque la prioridad debería orientarse a reforzar las fuerzas armadas para suplir cuanto antes las carencias que forzaron la contratación de entidades privadas. Y la complementariedad porque los servicios contratados deberían limitarse al apoyo a las operaciones, sin que su prestación signifique la participación directa en las hostilidades o en los combates.

Estos criterios tendrían que ayudar a reducir la presencia de las EMP en los conflictos armados, lo que acarreará, con toda probabilidad, un mayor compromiso con las normas del derecho internacional humanitario y con el respeto a los derechos humanos y la dignidad de las personas atrapadas en las guerras.

Falta de transparencia e impunidad

Las empresas militares privadas han sido acusadas de participar en violaciones de derechos humanos y en todo tipo de incidentes que en muchas ocasiones han resultado en la pérdida de vidas humanas. En algunos casos, estas graves acusaciones, que incluyen crímenes de guerra, delitos de lesa humanidad y genocidio, han terminado siendo juzgadas.

Sin embargo, la falta de transparencia que caracteriza muchas de las actuaciones delictivas de los contratistas privados ha evitado la celebración de otros juicios, poniendo de manifiesto la dificultad de la comunidad internacional y de los Estados para exigir las responsabilidades pertinentes. Las malas prácticas de determinadas empresas y Gobiernos fomentan la impunidad con la que se perpetran algunas intervenciones de los contratistas privados. Las empresas organizan estructuras en las que interponen múltiples capas de compañías filiales o subcontratadas casi imposibles de relacionar entre sí. A su vez, los Gobiernos clasifican como secretos los contratos y la documentación operativa, dificultando cualquier tipo de investigación externa y haciendo que la sola divulgación de sus contenidos se convierta en un delito de revelación de secretos oficiales.

No obstante, es deber de los Estados prevenir las violaciones de los derechos humanos y otros abusos cometidos por las empresas militares privadas, así como adoptar medidas legislativas, investigar las denuncias de violaciones de los derechos humanos, enjuiciar y castigar a los culpables y proporcionar soluciones efectivas a las víctimas. La falta de acción a la que nos tienen acostumbrados algunos Estados es particularmente grave porque eluden su responsabilidad y su compromiso con la comunidad internacional para acabar con la impunidad de los crímenes de guerra, los crímenes de lesa humanidad, el genocidio y las infracciones graves de los Convenios de Ginebra.

El lado oscuro de las empresas militares privadas

La contratación de EMP ha tenido y tiene efectos muy problemáticos. En lo que va de siglo, el comportamiento de estas compañías ha dejado mucho que desear, hasta el punto de llamar la atención de la opinión pública, algo insólito en la mayoría de los asuntos relacionados con la seguridad internacional. En la década de 2000 varias empresas anglosajonas de seguridad —en particular, la británica Aegis y la estadounidense Blackwater— estuvieron en el punto de mira de los medios de comunicación debido a los graves abusos cometidos por su personal contra la población civil. En general, a estas y otras empresas se les ha identificado operando junto a milicias locales, fuerzas gubernamentales, grupos de voluntarios y otras organizaciones.

Su irrupción y crecimiento ha sido consecuencia de la puesta en práctica de doctrinas neoliberales que promueven nuevas formas de intervención militar y de gestión de conflictos empleando actores no estatales en la defensa de los intereses nacionales. La economía de libre mercado, propia de los países desarrollados, ha contribuido al rápido crecimiento de las EMP, pues su contratación proporciona reducción de costes, mayor especialización, tecnología avanzada, rapidez y flexibilidad de actuación e incremento de efectivos.

Llevando al extremo esta política de privatización capitalista, desde 2014 un régimen tan poco liberal como la Rusia de Putin se ha subido a la ola y ha sobrepasado todos los límites desplegando de forma sistemática al Grupo Wagner y otras entidades privadas en Siria, Ucrania y el África subsahariana. Por desgracia, las actuaciones de los contratistas rusos han sido un claro ejemplo del lado más oscuro de las EMP.

La Federación Rusa delegó en Wagner funciones que son inherentes al Estado y que, por lo tanto, en ninguna circunstancia deberían haberse contratado externamente con una empresa privada. Para los que creen en el principio del monopolio estatal del uso legítimo de la fuerza, entre estas funciones y actividades indelegables se incluyen la participación directa en las hostilidades o en los combates, la captura e interrogatorio de prisioneros de guerra y el uso de armamento pesado o colectivo. Además, sea cual sea el criterio del Gobierno de turno, el derecho internacional no permite la participación de civiles de forma directa en las hostilidades.

El descabezamiento del Grupo Wagner y el control asumido sobre él por el Ministerio de Defensa ruso ha quitado a la compañía el marchamo de «privada» y la ha convertido en algo parecido a una empresa pública con ciertos atributos de agencia estatal. En su nuevo estatus, Wagner perderá buena parte de la capacidad operativa que le confería un valor añadido y no podrá actuar como un instrumento militar capaz de materializar con impunidad los intereses más inconfesables del Estado ruso. Su puesto como empresa militar privada dispuesta a ejecutar acciones inapropiadas y encubiertas o de falsa bandera será ocupado por otras compañías.

Pero el lado oscuro de las EMP no se limita a su empleo en sustitución de las fuerzas armadas ni a sus actividades clandestinas para eludir la responsabilidad de los Gobiernos que las contratan. No hay lado más oscuro en el mercado de los servicios militares que los crímenes de lesa humanidad perpetrados por los contratistas privados. Aunque solo sea por este motivo, la comunidad internacional debe hacer todo lo que esté en su mano para reducir al máximo la presencia de EMP en los conflictos armados.

La contratación de empresas militares privadas en zonas de operaciones militares debería tener carácter excepcional y temporal. Su justificación solo tendría que basarse en la existencia de carencias operativas insalvables con medios estatales.

ABREVIATURAS

ACLED. Armed Conflict Location & Event Data Project (Proyecto de Datos de Eventos y Ubicación de Conflictos Armados), organización estadounidense no gubernamental sin ánimo de lucro, especializada en la recopilación, análisis y mapeo de datos desagregados de conflictos. Sede en Madison (Wisconsin).

AFRICOM. United States Africa Command (Mando África de Estados Unidos), responsable de las operaciones de Estados Unidos en el continente africano, excepto en Egipto. Cuartel General en Stuttgart (Alemania).

AMK9. Empresa de seguridad privada estadounidense especializada en seguridad canina. Forma parte del *holding* Constellis. Sede en Moyock (Carolina del Norte).

ATAC. Airborne Tactical Advantage Company, empresa militar privada estadounidense especializada en entrenamiento aéreo táctico. Sede en Newport News (Virginia).

BBVA. Banco Bilbao Vizcaya Argentaria, banco español. Sede social en Bilbao y sede operativa en Madrid.

BSC. Blackwater Security Company, empresa de seguridad privada estadounidense posteriormente denominada Academi. Sede en Moyock (Carolina del Norte). Forma parte del *holding* Constellis.

BTG. Battalion Tactical Group (Grupo Táctico), unidad interarmas de combate de entidad batallón.

CBO. Congressional Budget Office (Oficina de Presupuesto del Congreso de los Estados Unidos).

CDH. Comité de Derechos Humanos, organismo de la Organización de las Naciones Unidas.

CEDEAO. Comunidad Económica de Estados de África Occidental.

CEO. Chief Executive Officer (consejero delegado, director ejecutivo, presidente ejecutivo o primer ejecutivo de una empresa).

CIA. Central Intelligence Agency (Agencia Central de Inteligencia), agencia de inteligencia exterior de naturaleza civil de los Estados Unidos. Sede en Langley (Virginia).

CICR. Comité Internacional de la Cruz Roja, organización humanitaria no gubernamental. Sede en Ginebra (Suiza).

CIVIC. Center for Civilians in Conflict (Centro para Civiles en Conflicto), organización no gubernamental sin fines de lucro. Fundada en 2003 con el nombre original de Campaign for Innocent Victims in Conflict (Campaña por las Víctimas Inocentes en Conflicto). Sede en Washington D.C.

CNN. Cable News Network (Red de Noticias por Cable), canal de noticias de televisión estadounidense, propiedad de Warner Bros. Discovery. Sede en Atlanta (Georgia).

CNPC. China National Petroleum Corporation (Corporación Nacional de Petróleo de China). Sede en Pekín.

CPA. Coalition Provisional Authority (Autoridad Provisional de la Coalición), Gobierno de transición de Irak establecido el 19 de marzo de 2003 tras la invasión del país por la Fuerza Multinacional liderada por Estados Unidos.

CSCE. Conferencia para la Seguridad y la Cooperación Europea.

DCAF. Geneva Centre for Security Sector Governance (Centro de Ginebra para la Gobernanza del Sector de la Seguridad), grupo de expertos intergubernamental establecido por el Gobierno de Suiza. La abreviatura proviene de Democratic Control of Armed Forces.

DDHH. Derechos humanos.

DEJ. Diccionario panhispánico del español jurídico.

DIH. Derecho internacional humanitario.

DLE. Diccionario de la lengua española.

EE.UU. Estados Unidos de América.

EMP. Empresa militar privada.
EMSP. Empresa militar y de seguridad privada.
ESP. Empresa de seguridad privada.
ESS. Eurest Support Services, filial de la empresa británica de cáterin Compass Group especializada en la gestión de instalaciones y servicios de alimentos a gran escala en entornos hostiles. Sede en Chertsey (Inglaterra).
EUFOR. European Union Force, fuerza de paz internacional en Bosnia Herzegovina liderada por la Unión Europea.
FAST. Forward Access, Security, and Transition (Acceso directo, seguridad y transición), equipos de la empresa de seguridad Crisis24 que ayudan a ingresar en zonas conflictivas a corporaciones, agencias humanitarias y equipos de proyectos.
FBI. Federal Bureau of Investigation (Oficina Federal de Investigaciones), agencia de inteligencia y seguridad interior de los Estados Unidos. Sede en Washington D.C.
FFP. The Fund for Peace (Fondo para la Paz), institución educativa y de investigación no gubernamental estadounidense sin fines de lucro que trabaja para prevenir conflictos violentos y promover la seguridad sostenible. Sede en Washington D.C.
GRU. Glávnoye Razvédyvatelnoye Upravlenie (Departamento Central de Inteligencia), agencia de inteligencia militar de la Federación Rusa. Sede en Moscú.
GT. Grupo de trabajo.
HRW. Human Rights Watch (Observatorio de los Derechos Humanos), organización humanitaria no gubernamental. Sede en Nueva York (Estados Unidos).
IA. Inteligencia artificial.
ICoC. International Code of Conduct for Private Security Service Providers (Código de Conducta Internacional para Proveedores de Servicios de Seguridad Privada).
ICoCA. International Code of Conduct Association (Asociación del Código de Conducta Internacional para Proveedores de Servicios de Seguridad Privada). Sede en Ginebra (Suiza).
IEEE. Instituto Español de Estudios Estratégicos, grupo de expertos español dependiente del Centro Superior de Estudios de la Defensa Nacional del Ministerio de Defensa. Sede en Madrid.

Inc. Incorporated. Es utilizado en Estados Unidos en los nombres de las empresas legalmente establecidas.

IRA. Internet Research Agency (Agencia de Investigación de Internet), empresa propiedad de Yevgeny Prigozhin dedicada a acciones de influencia en Internet. Sede en San Petersburgo (Rusia).

ITT. Conglomerado estadounidense de empresas, inicialmente de telefonía y telecomunicaciones. Sede en Nueva York.

JNIM. Jama'at Nusrat al-Islam wal-Muslimin (Frente de Apoyo al Islam y a los Musulmanes), organización militar y terrorista de ideología salafista yihadista creada el 1 de marzo de 2017 en Mali.

KFOR. Kosovo Force, fuerza de paz internacional liderada por la OTAN.

LLC. Limited liability company (compañía de responsabilidad limitada).

LNA. Libyan National Army (Ejército Nacional Libio), una de las fuerzas enfrentadas en la guerra civil libia.

MAST. Maritime Asset Security and Training (Seguridad y Formación de Activos Marítimos), empresa de seguridad marítima privada. Sede en Londres.

MINUSCA. United Nations Multidimensional Integrated Stabilization Mission in the Central African Republic (Misión Multidimensional Integrada de las Naciones Unidas para la Estabilización en la República Centroafricana), misión que sustituyó a MISCA.

MISCA. Mission Internationale de Soutien à la Centrafrique (Misión Internacional de Apoyo a la República Centroafricana), misión liderada por la Unión Africana que fue sustituida por MINUSCA.

MONUC. United Nations Mission in the Democratic Republic of Congo (Misión de las Naciones Unidas en la República Democrática del Congo), fue renombrada MONUSCO el 1 de julio de 2010.

MUSC. Maritime & Underwater Security Consultants (Consultores de Seguridad Marítima y Submarina), empresa de seguridad marítima privada británica. Sede en Londres.

NSA. National Security Agency (Agencia de Seguridad Nacional de Estados Unidos), agencia de inteligencia del Departamento de Defensa de los Estados Unidos. Sede en Fort Meade (Maryland).

OMI. Organización Marítima Internacional, organismo especializado de las Naciones Unidas responsable de la seguridad y protección de la navegación y de prevenir la contaminación del mar por los buques. Sede en Londres (Reino Unido).

ONG. Organización no gubernamental, oenegé.

ONU. Organización de las Naciones Unidas. Sede en Nueva York (Estados Unidos).

OSCE. Organización para la Seguridad y la Cooperación Europea. Sede en Viena (Austria).

OTAN. Organización del Tratado del Atlántico Norte. Cuartel General en Bruselas (Bélgica).

PAE. Pacific Architects & Engineers, empresa estadounidense de servicios gubernamentales y de defensa. Sede en Arlington (Virginia).

PaYS. US Army Partnership for Youth Success, asociación entre el Ejército y la industria privada, academias, empresas e institutos públicos estatales y locales para contratar soldados una vez que se han licenciado.

Priv-War. Privatisation of War (Privatización de la Guerra), proyecto colaborativo de investigación coordinado por el Instituto Universitario Europeo, activo de enero de 2008 a agosto de 2011.

RAE. Real Academia Española, institución cultural española. Sede en Madrid.

RAF. Royal Air Force (Real Fuerza Aérea), Ejército del Aire del Reino Unido.

RCA. República Centroafricana.

RDC. República Democrática del Congo.

SAAL. Sistema de Armas Autónomas Letales.

SAC. Special Activities Center (Centro de Actividades Especiales de la CIA), encargado de las operaciones encubiertas y paramilitares. Sustituyó en 2016 a la División de Actividades Especiales (SAD – Special Activities Division). El SAC tiene un Grupo de Operaciones Especiales (Special Operations Group – SOG) para las operaciones tácticas paramilitares y un Grupo de Acción Política (Political Action Group – PAG) para las operaciones políticas encubiertas.

SEAL. United States Navy Sea, Air and Land Teams, equipos de operaciones especiales de la Armada de Estados Unidos.

SIPRI. Stockholm International Peace Research Institute (Instituto Internacional de Investigación por la Paz de Estocolmo), instituto internacional independiente dedicado a la investigación de conflictos, armamentos, control de armas y desarme. Sede en Estocolmo (Suecia).

STS. Special Tactical Services LLC, empresa de seguridad estadounidense. Sede en Virginia Beach (Virginia).

UE. Unión Europea.

UNFICYP. United Nations Peacekeeping Force in Cyprus (Fuerza de las Naciones Unidas para el Mantenimiento de la Paz en Chipre).

UNIFIL. United Nations Interim Force in Lebanon (Fuerza Provisional de las Naciones Unidas para el Líbano).

UNSMS. United Nations Security Management System (Sistema de Gestión de la Seguridad de las Naciones Unidas).

URSS. Unión de Repúblicas Socialistas Soviéticas.

US. United States (Estados Unidos).

USAID. US Agency for International Development (Agencia de Estados Unidos para el Desarrollo Internacional). Sede en Washington D.C.

USS. United States Ship (Buque de los Estados Unidos), acrónimo naval que se antepone al nombre o número de identificación de los buques de la Armada de los Estados Unidos.

USTC. United States Training Center, centro de adiestramiento de Constellis situado en Moyock (Carolina del Norte).

VIH. Virus de inmunodeficiencia humana.

VK. Vkontakte, en ruso В Контакте (en contacto), la más popular red social en Rusia y Bielorrusia. Sede en San Petersburgo (Federación Rusa).

BIBLIOGRAFÍA

ABEDINE, Saad (2007), «Joint Iraqi-U.S. Review Begins in Wake of Blackwater Firefight», CNN, 8 de octubre, [en línea], disponible en http://edition.cnn.com/2007/WORLD/meast/10/07/iraq.main/

ACLED – Armed Conflict Location & Event Data Project (2022), *Wagner Group Operations in Africa. Civilian Targeting Trends in the Central African Republic and Mali*, 30 de Agosto, [en línea], disponible en https://acleddata.com/2022/08/30/wagner-group-operations-in-africa-civilian-targeting-trends-in-the-central-african-republic-and-mali/#s6

ALONSO, Ana (2022), «Los mercenarios rusos de Wagner se la juegan en la encarnizada batalla de Bajmut», *El Independiente*, 30 de noviembre, [en línea], disponible en https://www.elindependiente.com/internacional/2022/11/30/los-mercenarios-rusos-de-wagner-se-la-juegan-en-la-encarnizada-batalla-de-bajmut/

AVANT, Deborah (2008), *What does Private Security in Iraq Mean for Democracy at Home?*, Irvine (California), University of California, [en línea], disponible en
https://www.researchgate.net/publication/228769681_What_does_private_security_in_Iraq_mean_for_democracy_at_home

BARABANOV, Ilya e IBRAHIM, Nader (2021), «Wagner: Scale of Russian Mercenary Mission in Libya Exposed», BBC News, 11 de

agosto, [en línea], disponible en https://www.bbc.com/news/world-africa-58009514
BURKE, Jason (2023), «Russian Mercenaries Behind Slaughter of 500 in Mali Village, UN Report Finds», *The Guardian,* 20 de mayo, [en línea], disponible en https://www.theguardian.com/world/2023/may/20/russian-mercenaries-behind-slaughter-in-mali-village-un-report-finds
CASTAÑO GUILLÉN, Julián (2009), *La dirección de resultados en las empresas privatizadas* (Tesis doctoral), Universidad de Extremadura, edición electrónica, [en línea], disponible en https://www.eumed.net/tesis-doctorales/2009/jcg/index.htm
CIVIC (2022), Center for Civilians in Conflict, *Privatizing War: The Impact of PMSCs on the Protection of Civilians*, [en línea], disponible en https://civiliansinconflict.org/wp-content/uploads/2022/12/CIVIC_PMC.pdf
CIVIC-DCAF (2022), *The Growing Use of Private Military and Security Companies in Conflict Settings: How to Reduce Threats to Civilians?*, Joint Workshop. Resumen publicado en julio de un taller conjunto celebrado el 15 de marzo de 2022, [en línea], disponible en https://www.dcaf.ch/sites/default/files/publications/documents/CIVIC_Workshop_EN_July2022.pdf
COMISIÓN EUROPEA (2011), European Research Area. *Priv-War Recommendations for EU Regulatory Action in the Field of Private Military and Security Companies and their Services*, marzo, [en línea], disponible en https://www.eui.eu/Documents/DepartmentsCentres/AcademyofEuropeanLaw/Projects/PrivWar-Recommendations-FINAL.pdf
COMITÉ INTERNACIONAL DE LA CRUZ ROJA (2013), *El derecho internacional humanitario y las empresas militares y de seguridad privadas*, Ginebra, 10 de diciembre, [en línea], disponible en https://www.icrc.org/es/document/el-derecho-internacional-humanitario-y-las-empresas-militares-y-de-seguridad-privadas
CONFEDERACIÓN SUIZA (2013), Departamento Federal de Asuntos Exteriores, *Federal Act on Private Security Services Provided Abroad (PSSA)*, art. 7, 25 de septiembre, [en línea], disponible en https://fedlex.data.admin.ch/filestore/fedlex.data.admin.ch/eli/cc/2015/450/20150901/en/pdf-a/fedlex-data-admin-ch-eli-cc-2015-450-20150901-en-pdf-a.pdf

Confederación Suiza y Comité Internacional de la Cruz Roja (2008), Documento de Montreux, [en línea], disponible en https://www.montreuxdocument.org/pdf/document/es.pdf

Corte Ibáñez, Luis de la (2022), «¿Qué sabemos sobre el Grupo Wagner?», Instituto Español de Estudios Estratégicos (IEEE) 28, pp. 997-1057, [en línea], disponible en https://www.ieee.es/Galerias/fichero/docs_investig/2022/DIEEEINV04_2022_LUICOR_Wagner.pdf

Crane, Emily (2021), «Blackwater Founder Erik Prince Charging $6.5K to get People out of Afghanistan», *The Washington Post*, 25 de agosto, [en línea], disponible en https://nypost.com/2021/08/25/blackwater-founder-charging-6-5k-to-get-people-out-of-afghanistan/

Estados Unidos. Cámara de Representantes (2007), *Hearing before the Committee on Oversight and Government Reform, House of Representatives, One Hundred Tenth Congress, First Session Serial No. 110-89*, celebrada el 2 de octubre, [en línea], disponible en https://oversightdemocrats.house.gov/sites/democrats.oversight.house.gov/files/documents/20071127131151.pdf

Estados Unidos. Central Intelligence Agency (2021), *The World Factbook. Military Service Age and Obligation*, [en línea], disponible en https://www.cia.gov/the-world-factbook/field/military-service-age-and-obligation/

Estados Unidos. Departamento de Estado (2016), *The Worldwide Protective Services (WPS) 2 Program*, [en línea], disponible en https://govtribe.com/opportunity/federal-contract-opportunity/the-worldwide-protective-services-wps-2-program-provides-comprehensive-protective-security-services-to-support-u-dot-s-dot-department-of-state-operations-around-the-world-dot-saqmma15r0282

Estados Unidos. Departamento de Estado (2022), *Wagner Group, Yevgeniy Prigozhin, and Russia's Disinformation in Africa*, 24 de mayo, [en línea] disponible en https://www.state.gov/disarming-disinformation/wagner-group-yevgeniy-prigozhin-and-russias-disinformation-in-africa/

Estados Unidos. Departamento de Estado (2023), *Imposing Additional Sanctions on Those Supporting Russia's War Against Ukraine*, 20 de julio, [en línea], disponible en https://www.state.gov/

imposing-additional-sanctions-on-those-supporting-russias-war-against-ukraine/

ESTADOS UNIDOS. Departamento del Tesoro, *Office of Foreign Assets Control* (2022). *Specially Designated Nationals and Blocked Persons List*, 26 de octubre de 2022, pág. 1641, [en línea], disponible en https://www.treasury.gov/ofac/downloads/sdnlist.pdf y en Sanctions List Search https://sanctionssearch.ofac.treas.gov/Details.aspx?id=22544

FLINTOFF, Corey (2007), «Blackwater's Prince has GOP, Christian Group Ties», *National Public Radio (NPR)*, 25 de septiembre, [en línea], disponible en https://www.npr.org/templates/story/story.php?storyId=14659780

FUKUYAMA, Francis (2006), «After Neoconservatism», *The New York Times*, 19 de febrero, [en línea], disponible en https://www.nytimes.com/2006/02/19/magazine/after-neoconservatism.html

GERASIMOVA, Tania (2022), «The Hague Court Finds Guilty Militants Girkin, Dubinsky, Kharchenko In Malaysia Airlines Plane Downing In Donbas In 2014», Ucranian News, 17 de noviembre, [en línea], disponible en https://ukranews.com/en/news/895793-the-hague-court-finds-guilty-militants-girkin-dubinsky-kharchenko-in-malaysia-airlines-plane-downing

HALIMI, Mohamed (2020), «Rusia envió a Libia aviones de combate Mig-29 y cazabombarderos Su-24 para apoyar a los rebeldes de Haftar», *Defensa.com*, 29 de mayo, [en línea], disponible en https://www.defensa.com/africa-asia-pacifico/rusia-envio-libia-aviones-combate-mig-29-cazabombarderos-24-para

ICoC (2021), *International Code of Conduct for Private Security Service Providers*, modificación de 10 de diciembre, 7, [en línea], disponible en http://icoca.ch/the-code/

JAPARIDZA, Misha (2022), «'Putin's Chef' Loses Court Case against Bellingcat Founder», *The Times*, 19 de mayo, [en línea], disponible en https://www.thetimes.co.uk/article/putins-chef-loses-court-case-against-bellingcat-founder-cvnmjghvg

JOHNSTON, David y BRODER, John M. (2007), «F.B.I. Says Guards Killed 14 Iraqis without Cause», *The New York Times*, 14 de noviembre, [en línea], disponible en https://www.nytimes.com/2007/11/14/world/middleeast/14blackwater.html

KARADSHEH, Jomana *et al.* (2007), «Blackwater most Often Shoots First, Congressional Report Says, CNN, 2 de octubre, [en línea], disponible en http://edition.cnn.com/2007/WORLD/meast/10/01/blackwater.report/

LABORIE IGLESIAS, Mario (2013), *La privatización de la seguridad. Las empresas militares y de seguridad privadas en el entorno estratégico actual*, Madrid, Instituto Español de Estudios Estratégicos (IEEE)-Ministerio de Defensa, [en línea], disponible en https://www.ieee.es/Galerias/fichero/OtrasPublicaciones/Nacional/La_Privatizacion_de_la_Seguridad_T152-090212_MarioLaborie.pdf

LAMIGEON, Vincent (2022), «Images exclusives: comment Wagner tisse sa toile au Mali», *Challenges*, 24 de enero, [en línea], disponible en https://www.challenges.fr/monde/comment-wagner-tisse-sa-toile-au-mali_797848

LEDERER, Edith (2021), «UN Experts: Trump Ally, UAE Firms Violated Libya Sanctions», *The Associated Press*, 22 de febrero, [en línea], disponible en https://apnews.com/article/donald-trump-libya-tripoli-khalifa-hifter-united-nations-00616a9a-949726d8ed593f9a07dc53a3

MARKSTEINER, A. *et al.* (2021), «The SIPRI Top 100 Arms-Producing and Military Services Companies, 2020», Stockholm International Peace Research Institute, diciembre, [en línea], disponible en https://sipri.org/sites/default/files/2021-12/fs_2112_top_100_2020.pdf

MAZZETTI, Mark (2009), «C.I.A. Sought Blackwater's Help to Kill Jihadists», *The New York Times*, 19 de agosto, [en línea], disponible en https://www.nytimes.com/2009/08/20/us/20intel.html

MCFATE, Sean (2017), *The Modern Mercenary: Private Armies and What They Mean for World Order*, Oxford, Oxford University Press.

MELIÁN NEGRÍN, Miguel Ángel (2022), «Tecnología, inteligencia artificial y la desestabilización de la hegemonía global: China y Estados Unidos ante su dominio», Instituto Español de Estudios Estratégicos (IEEE), 26, pp. 1003-1025, [en línea], disponible en https://www.ieee.es/Galerias/fichero/docs_opinion/2022/DIEEEO42_2022_MIGMEL_Teconologia.pdf

MELZER, Nils (2010), *Guía para interpretar la noción de participación directa en las hostilidades según el derecho internacional humanitario*, Ginebra, Comité Internacional de la Cruz Roja, [en línea], disponible en https://www.icrc.org/es/publication/guia-participacion-directa-hostilidades-derecho-internacional-humanitario-dih
MONGE, Yolanda (2007), «Un informe del Congreso denuncia el proceder de los mercenarios de Blackwater», *El País*, 3 de octubre, [en línea], disponible en https://elpais.com/diario/2007/10/03/internacional/1191362404_850215.html?event_log=go
NACIONES UNIDAS (1982), Convención sobre el Derecho del Mar, Montego Bay, 10 de diciembre.
NACIONES UNIDAS (1989), Asamblea General, *Convención Internacional contra el reclutamiento, la utilización, la financiación y el entrenamiento de mercenarios*, Resolución A/RES/44/34, 4 de diciembre, [en línea], disponible en https://documents-dds-ny.un.org/doc/RESOLUTION/GEN/NR0/555/16/IMG/NR055516.pdf?OpenElement
NACIONES UNIDAS (2004), Oficina del Alto Comisionado para los Derechos Humanos, Resolución 2004/5, 8 de abril.
NACIONES UNIDAS (2010), Consejo de Derechos Humanos, Resolución A/HRC/RES/15/26, 1 de octubre.
NACIONES UNIDAS (2012), Department of Safety and Security, *Guidelines on the Use of Armed Security Services from Private Security Companies*, 8 de noviembre, [en línea], disponible en https://www.ohchr.org/sites/default/files/Documents/Issues/Mercenaries/WG/StudyPMSC/GuidelinesOnUseOfArmedSecurityServices.pdf
NACIONES UNIDAS (2012), Consejo de Derechos Humanos, *Informe del Grupo de trabajo intergubernamental de composición abierta encargado de estudiar la posibilidad de elaborar un marco normativo internacional para la regulación, el seguimiento y la supervisión de las actividades de las empresas militares y de seguridad privadas, sobre su segundo período de sesiones*, Resolución A/HRC/22/41, 24 de diciembre.
NACIONES UNIDAS (2017), Consejo de Derechos Humanos, Resolución 36/11 (A/HRC/36/L.15), 25 de septiembre.
NACIONES UNIDAS (2021), *Grupo de trabajo intergubernamental de composición abierta encargado de elaborar el contenido de un mar-*

co normativo internacional, sin prejuzgar su naturaleza, que proteja los derechos humanos y garantice la rendición de cuentas por las violaciones y los abusos relacionados con las actividades de las empresas militares y de seguridad privadas. (Zero draft instrument on an international regulatory framework on the regulation, monitoring of and oversight over the activities of private military and security companies), [en línea], disponible en https://www.ohchr.org/sites/default/files/2022-03/zero-draft-international-regulatory-framework-regulation-monitoring-the-activities.pdf

ORGANIZACIÓN MARÍTIMA INTERNACIONAL (2023), *Protección marítima y piratería*, [en línea], disponible en https://www.imo.org/es/OurWork/Security/Paginas/Default.aspx

OSCE (1990) - Organización para la Seguridad y la Cooperación en Europa. *Carta de París para una Nueva Europa*, [en línea], disponible en https://www.osce.org/files/f/documents/9/d/39521.pdf

ØSTENSEN, Åse Gilje (2011), *UN Use of Private Military and Security Companies: Practices and Policies*, Ginebra, Ubiquity Press-The Geneva Centre for the Democratic Control of Armed Forces (DCAF), [en línea], disponible en https://www.dcaf.ch/sites/default/files/publications/documents/SSR_PAPER3.pdf

PARLAMENTO EUROPEO (2011), Subcomité de Seguridad y Defensa, *The Role of Private Security Companies (PSCs) in CSDP Missions and Operations*, abril, [en línea], disponible en https://www.europarl.europa.eu/RegData/etudes/etudes/join/2011/433829/EXPO-SEDE_ET%282011%29433829_EN.pdf

PARLAMENTO EUROPEO (2017), *Resolución sobre empresas de seguridad privadas*, (2016/2238(INI)), 4 de julio, [en línea], disponible en https://www.europarl.europa.eu/doceo/document/TA-8-2017-0289_ES.pdf

PARLAMENTO EUROPEO (2021), *Resolución sobre violaciones de derechos humanos por parte de empresas militares y de seguridad privadas, en particular el Grupo Wagner*, (2021/2982(RSP), 25 de noviembre, [en línea], disponible en https://www.europarl.europa.eu/doceo/document/TA-9-2021-0482_ES.pdf

PELTON, Robert Young (2010), «Erik Prince: An American Commando in Exile», *Men's Journal*, 30 de noviembre, [en línea], disponible en http://dangerousmagazine.com/2018/02/13/erik-prince-american-commando-exile/

PITZKE, Marc von (2007), «White-Collar Mercenary under Fire», *Spiegel International*, 3 de octubre, [en línea], disponible en https://www.spiegel.de/international/world/blackwater-hearing-white-collar-mercenary-under-fire-a-509264.html

PRINCE, Erik D. (2007), *Statement of Erik D. Prince, Chairman and CEO, Blackwater for the House Committee on Oversight and Government Reform*, 2 de octubre, [en línea], disponible en http://i.a.cnn.net/cnn/2007/images/10/02/statement.of.erik.d.prince.pdf

RAINSFORD, Sarah y DAVIES, Alys (2023), «Rebelión en Rusia: el grupo mercenario Wagner entregará todo su armamento pesado y no será acusado de amotinamiento», BBC NEWS Mundo, 27 de junio, [en línea], disponible en https://www.bbc.com/mundo/articles/cy9725kq78po

RANGEL, Pilar (2022), «Análisis de la situación del Grupo Wagner en Malí», *Escudo digital*, 16 de septiembre, [en línea], disponible en https://www.escudodigital.com/expertos/opinion/analisis-situacion-grupo-wagner-mali_53029_102.html

REDACCIÓN ABC NEWS (2018), «Russian Operatives Conducted "Information Warfare" Against the US. Here's how They did it», ABC News, 17 de febrero, [en línea], disponible en https://www.abc.net.au/news/2018-02-17/russian-defendants-conduct information-warfare-against-the-us/9457942

REDACCIÓN BBC NEWS MUNDO (2022), «Guerra en Ucrania: qué hace el "opaco" grupo de mercenarios Wagner en el país y qué se sabe de sus otras operaciones en el extranjero», BBC News, 11 de diciembre, [en línea], disponible en https://www.bbc.com/mundo/noticias-internacional-63849610

REDACCIÓN BBC NEWS MUNDO (2022), «"Son ellos o sus hijos": el video que muestra al jefe del grupo mercenario Wagner reclutando a presos rusos para la guerra», BBC News, 16 de septiembre, [en línea], disponible en https://www.bbc.com/mundo/noticias-internacional-62934706

REDACCIÓN C. NEWS (2022). «Пентагон обучает боевой ИИ на тактике российской армии на Украине» («El Pentágono entrena a la IA de combate en las tácticas del ejército ruso en Ucrania»), C. News, 25 de abril, [en línea], disponible en https://www.cnews.ru/news/top/2022-04-25_pentagon_obuchaet_boevoj

REDACCIÓN DW (2022), «Rusia asegura haber usado moderno misil hipersónico en Ucrania», *DW.com*, 19 de marzo, [en línea], disponible en https://www.dw.com/es/rusia-asegura-haber-usado-moderno-misil-hipers%C3%B3nico-en-ucrania/a-61184022
REDACCIÓN EUROPA PRESS INTERNACIONAL (2023), «El Parlamento de Lituania reconoce como organización terrorista a los mercenarios del Grupo Wagner», Europa Press, 14 de marzo, [en línea], disponible en https://www.europapress.es/internacional/noticia-parlamento-lituania-reconoce-organizacion-terrorista-mercenarios-grupo-wagner-20230314125846.html
REDACCIÓN MEDUZA (2020), «US Accuses Russia of Sending Military Personnel to Support the 'Wagner' PMC in Libya», *Meduza*, 27 de mayo, [en línea], disponible en https://meduza.io/en/news/2020/05/27/us-accuses-russia-of-sending-military-personnel-to-support-the-wagner-pmc-in-libya
REDACCIÓN REUTERS (2007), «Blackwater Faulted by U.S. Military: Report», Reuters, 5 de octubre, [en línea], disponible en https://www.reuters.com/article/topNews/idUSN0439965120071005
RISEN, James y MAZZETTI, Mark (2009), «C.I.A. Said to Use Outsiders to Put Bombs on Drones», *The New York Times*, 20 de agosto, [en línea], disponible en https://www.nytimes.com/2009/08/21/us/21intel.html
— (2009), «Blackwater Guards Tied to Secret C.I.A. Raids», *The New York Times*, 10 de diciembre, [en línea], disponible en https://www.nytimes.com/2009/12/11/us/politics/11blackwater.html
ROBINSON, Patrick (2017), «The Night the SEALS Captured the Butcher of Fallujah», *Daily Beast*, 11 de julio, [en línea], disponible en https://www.thedailybeast.com/the-night-the-seals-captured-the-butcher-of-fallujah
RUBIO DAMIÁN, Francisco (2021), *La guerra de los robots. Cómo la tecnología está cambiando los conflictos armados*, Zaragoza, Pregunta Ediciones.
SIMONS, Suzanne (2009), *Master of War: Blackwater USA's Erik Prince and the Business of War*, Nueva York, Harper.
THE ASSOCIATED PRESS (2011), «AP Enterprise: Blackwater Founder Trains Somalis», CTV News, 11 de enero, [en línea], disponible en https://www.ctvnews.ca/ap-enterprise-blackwater-founder-trains-somalis-1.598491

TROFIMOV, Yaroslav (2022), «La hora de los mercenarios: Wagner ofrece la libertad a presos rusos si van al frente», *El Confidencial*, 28 de agosto, [en línea], disponible en https://www.elconfidencial.com/mercados/the-wall-street-journal/2022-08-20/wagner-ayuda-tropas-rusas-contra-ucrania_3478289/?utm_source=share-article&utm_medium=email&utm_campaign=1
TUCKER, Patrick (2022), «AI is Already Learning from Russia's War in Ukraine, DOD says», *Defense One*, 21 de abril, [en línea], disponible en https://www.defenseone.com/technology/2022/04/ai-already-learning-russias-war-ukraine-dod-says/365978/
UNIÓN EUROPEA (2021), *Reglamento de Ejecución (UE) 2021/2195 del Consejo, Anexo 1*, de 13 de diciembre de 2021. Diario Oficial de la Unión Europea, de 13 de diciembre, pág. L 445 I/12, [en línea], disponible en https://eur-lex.europa.eu/legal-content/ES/TXT/PDF/?uri=CELEX:32021R2195&from=EN
VALERO THORSSON, Andrés (2022), «El Grupo Wagner, herramienta para la guerra híbrida», *Revista Ejército,* 974, pp. 38-44.
VAUTMANS, Hilde (2017), *Report on Private Security Companies* (A8-0191/2017), punto 16, Comisión de Asuntos Exteriores del Parlamento Europeo, Estrasburgo, 4 de julio, [en línea], disponible en https://www.europarl.europa.eu/doceo/document/A-8-2017-0191_EN.html
VILLATORO, Manuel P. (2021), «"Blackwater": los secretos del ejército de mercenarios y ejecutores más rudo del planeta», *ABC*, 9 de septiembre, [en línea], disponible en https://www.abc.es/archivo/abci-blackwater-operaciones-secretas-letales-mercenarios-contratados-para-asesinar-laden-202109090055_noticia.html?ref=https%3A%2F%2Fwww.bing.com%2F
WAXMAN, Henry A. (2007), *Private Military Contractors in Iraq: An Examination of Blackwater's Actions in Fallujah*, informe del Comité de Supervisión y Reforma Gubernamental de la Cámara de Representantes de los Estados Unidos, septiembre, [en línea], disponible en https://abcnews.go.com/images/Blackwater_Fallujah_Waxman_Report_070926.pdf
ZHEGULEV, Ilya (2016), «Evgeny Prigozhin's Right to be Forgotten. What does Vladimir Putin's Favorite Chef want to Hide from the Internet?», *Meduza*, 13 de junio, [en línea], disponible en https://web.archive.org/web/20190628062023/https://meduza.io/en/feature/2016/06/13/evgeny-prigozhin-s-right-to-be-forgotten

Notas

[1] Castaño Guillén, Julián (2009).

[2] Documento de Montreux (2008).

[3] Avant, Deborah (2008), página 3.

[4] Laborie Iglesias, Mario (2013), página 97.

[5] Marksteiner, A. *et al.* (2021).

[6] Vautmans, Hilde (2017).

[7] Østensen, Åse Gilje (2011).

[8] Naciones Unidas (1982), art. 101.

[9] Organización Marítima Internacional (2023).

[10] Valero Thorsson, Andrés (2022).

[11] Unión Europea. Reglamento de Ejecución (2021).

[12] Estados Unidos. Departamento del Tesoro, Office of Foreign Assets Control (2022).

[13] Unión Europea (2021).

[14] Zhegulev, Ilya (2016).

[15] Estados Unidos. Documento en pdf del cartel «Wanted by the FBI: Yevgeny Viktorovich Prigozhin» [consulta: 29 de abril de 2023; eliminado por fallecimiento].

[16] Estados Unidos. Orden de arresto federal contra Prigozhin con datos de la campaña de influencia y desinformación contra Estados Unidos [en línea], disponible en https://www.justice.gov/file/1035477/download

[17] Redacción ABC News (2018).

[18] Japaridze, Misha (2022).

[19] Mensaje de Concord en su cuenta de Vkontacte [VK], 22 de septiembre de 2022. Disponible en https://vk.com/wall-177427428_1194 [consulta: 29 de abril de 2023].

[20] Redacción BBC News Mundo (2022), septiembre.

[21] Mensaje del Ministerio de Defensa del Reino Unido en su cuenta de X (antes Twitter), *Latest Defence Intelligence update on the situation in Ukraine – 20 January 2023*, 20 de enero. Disponible en https://twitter.com/DefenceHQ/status/1616323761392812033/photo/1 [consulta: 30 de abril de 2023].

[22] Rainsford, Sarah y Davies, Alys (2023).

[23] Redacción Europa Press Internacional (2023).

[24] Unión Europea. Reglamento de Ejecución (2021).

[25] Valero Thorsson, Andrés (2022).

[26] Corte Ibáñez, Luis de la (2022), página 14.

[27] *Ibidem*, páginas 15 y 16.

[28] *Ibidem*, páginas 16 y 17.

[29] Parlamento Europeo (2021).

[30] *Ibidem*, considerando H.

[31] *Ibidem*, considerando G.

[32] Redacción BBC News Mundo (2022), diciembre.

[33] Gerasimova, Tania (2022).

[34] Redacción BBC News Mundo (2022), diciembre.

[35] Mensaje de Concord en su cuenta de Vkontacte [VK], 26 de septiembre de 2022. Disponible en https://vk.com/wall-177427428_1194 [consulta: 2 de mayo de 2023].

[36] Trofimov, Yaroslav (2022).

[37] Alonso, Ana (2022).

[38] Trofimov, Yaroslav (2022).

[39] Corte Ibáñez, Luis de la (2022), página 40.

[40] Parlamento Europeo (2021), considerando M.

[41] Corte Ibáñez, Luis de la (2022), página 41.

[42] Parlamento Europeo (2021), considerando N.

[43] Estados Unidos. Departamento de Estado (2022).

[44] Parlamento Europeo (2021), considerando O.

[45] Barabanov, Ilya y Ibrahim, Nader (2021).

[46] Corte Ibáñez, Luis de la (2022), páginas 28 y 29.

[47] Parlamento Europeo (2021), considerando Q.

[48] Corte Ibáñez, Luis de la (2022), páginas 29 y 30.

[49] *Ibidem*, páginas 31 y 32.

[50] Lamigeon, Vincent (2022).

[51] ACLED (2022).

[52] ACLED (2022).

[53] Burke, Jason (2023).

[54] ACLED (2022).

[55] Rangel, Pilar (2022).

[56] Estados Unidos, Departamento de Estado (2023).

[57] Pelton, Robert Young (2010).

[58] *Ibidem*.

[59] Mazzetti, Mark (2009).
[60] Risen, James y Mazzetti, Mark (2009), agosto.
[61] The Associated Press (2011).
[62] Lederer, Edith (2021).
[63] Crane, Emily (2021).
[64] Flintoff, Corey (2007).
[65] Simons, Suzanne (2009), página 20.
[66] Risen, James y Mazzetti, Mark (2009), diciembre.
[67] Villatoro, Manuel P. (2021).
[68] Robinson, Patrick (2017).
[69] Waxman, Henry A. (2007).
[70] Abedine, Saad (2007).
[71] Redacción Reuters (2007).
[72] Johnston, David y Broder, John M. (2007).
[73] Prince, Erik D. (2007).
[74] Monge, Yolanda (2007).
[75] Estados Unidos. Cámara de Representantes (2007).
[76] Prince, Erik (2007).
[77] Karadsheh, Jomana *et al.* (2007).
[78] Pitzke, Marc von (2007).
[79] Melzer, Nils (2010), páginas 37 y 38.
[80] *Ibidem*, página 41.
[81] *Ibidem*, página 39.
[82] *Ibidem*, página 38.
[83] Comité Internacional de la Cruz Roja (2013).
[84] Naciones Unidas (2004), apartado 18.
[85] Naciones Unidas (2010).
[86] Naciones Unidas (2012), diciembre.
[87] Naciones Unidas (2017).
[88] Naciones Unidas (2021).
[89] Naciones Unidas (2012), noviembre.
[90] Comisión Europea (2011).
[91] Parlamento Europeo (2011).
[92] Parlamento Europeo (2017).
[93] Documento de Montreux (2008).
[94] Lista actualizada de países y organizaciones que han comunicado su apoyo al Documento de Montreux [en línea], disponible en https://www.eda.admin.ch/eda/en/fdfa/foreign-policy/international-law/international-humanitarian-law/private-military-security-companies/participating-states.html
[95] *III Convenio de Ginebra relativo al Trato a los Prisioneros de Guerra*, artículo 4.º, párrafo 4.
[96] ICoC (2021), apartado «B. Definiciones», páginas 5 y 6.
[97] International Code of Conduct Association – ICoCA (2023), *Members* [en línea], disponible en https://icoca.ch/membership/ [consulta: 30 de abril de 2023].

[98] Naciones Unidas (2012), noviembre, párrafo F, 25, a), 6.

[99] Confederación Suiza (2013).

[100] Estados Unidos. Departamento de Estado (2016).

[101] ICoC (2021), párrafo 4.

[102] *Ibidem*, párrafo 6.

[103] *Ibidem*, párrafos 16 a 27.

[104] *Ibidem*, párrafos 28 a 43.

[105] *Ibidem*, párrafos 44 a 67.

[106] Estados Unidos. Central Intelligence Agency (2021).

[107] Laborie Iglesias, Mario (2013), página 124.

[108] *Ibidem*, página 125.

[109] CIVIC (2022).

[110] Rofiq, Abu. Perfil en Twitter con el nombre de Abu Salman Belarus: *Commander of Malhama Tactical, we are the military instructors, we've been teaching rebels how to fight and provide emergency aid on battlefield since 2013* [Twitter], disponible en https://web.archive.org/web/20180910201653/https://twitter.com/SalmanBelarus [consulta: 30 de abril de 2023].

[111] CIVIC-DCAF (2022), página 2.

[112] McFate, Sean (2017).

[113] OSCE (1990).

[114] Fukuyama, Francis (2006).

[115] Entrevista de Moisés Naím a Sean McFate, «Así es el mercenario moderno», 20 de abril de 2015, *NTN24* [en línea], disponible en https://efectonaim.net/asi-es-el-mercenario-moderno/

[116] Real Academia Española y Asociación de Academias de la Lengua Española (2023), *Diccionario de la lengua española.* Edición del tricentenario [en línea], disponible en https://dle.rae.es/

[117] Real Academia Española y Asociación de Academias de la Lengua Española (2023), *Diccionario panhispánico del español jurídico*, disponible en https://dpej.rae.es/

[118] Protocolo I adicional a los Convenios de Ginebra de 1949 relativo a la protección de víctimas de los conflictos armados internacionales, 1977, art. 47 [en línea], disponible en https://www.icrc.org/es/document/protocolo-i-adicional-convenios-ginebra-1949-proteccion-victimas-conflictos-armados-internacionales-1977

[119] Naciones Unidas (1989).

[120] Halimi, Mohamed (2020).

[121] Redacción Meduza (2020).

[122] Redacción DW (2022).

[123] Rubio Damián, Francisco (2021), página 44.

[124] Melián Negrín, Miguel Ángel (2022).

[125] Redacción C. News (2022).

[126] Tucker, Patrick (2022).

[127] Rubio Damián, Francisco (2021), páginas 97 y ss.